非洲烏托邦

費爾文・薩爾
Felwine Sarr 著

陳文瑤 譯

南方家園出版

目　錄

- 4　思考非洲
- 14　逆流而上
- 28　現代性的命題
- 50　經濟問題
- 94　自我療癒、自我命名
- 106　革命將是明智的
- 120　安居家園
- 134　揚帆啟航
- 146　非洲邦
- 152　非洲城市：可能性的配置
- 162　自我的存在：真正的增量
- 168　黎明的教訓

獻給迪亞波·迪歐普，
來自薩赫爾的懸鈴木⋯⋯

思考

非洲

討論與非洲大陸有關的思考是一項艱鉅的任務，因為那些甩不開的陳腔濫調、刻板印象，以及諸多似是而非的信念，形成迷霧般的光暈，籠罩著現實。1960年代以來，亦即非洲獨立浪潮掀起之際，非洲悲觀主義式的信條早已壓倒性地認定非洲開局不利、偏離正軌；它就像一頭瀕死的怪物，最後的一搏宣告即將到來的末日。關於其前途的預測一波接著一波，伴隨這片大陸的動盪與危機湧現。愛滋病肆虐最嚴重的時候，有些推論甚至預告非洲大陸的生命將面臨簡單、純粹的滅絕。即使這個**裝載不幸的容器**在一場公共衛生災難的影響下化為烏有，說到底，誰也無法保證這對其他留下來的人類來說，不是件好事。媒體與大量文學作品在觀察、處理、再現這數億人的命運時，是根植於一種充滿失敗、虧損、殘缺，甚至是身心不健全和先天失調等型態的集體想像，只說這是一種象徵暴力（violence symbolique），實在太輕描淡寫了。

他者將非洲大陸做為投射其幻想的空間，這種傾向由來已久。早在古羅馬時期老普林尼（Gaius Plinius Secundus）就說過：「非洲總是會帶來新事物。」他編纂《自然史》（*Naturalis Historia*）的時候，便想像這片大陸會持續從地中海沿岸，讓羅馬世界見識到各式各樣的奇珍異獸。遭受歐洲列強征服統治的數個世紀裡，探索者與冒險家紛紛將他們最原始、最淫穢的幻想投射在這個**神祕**

的非洲裡。這片瑰寶般的大陸，成為一些人眼中某種發洩途徑，用以傾倒那些在文明國家遭到壓制並驅逐至靈薄獄的殘酷野蠻。人們允許自己在這片大陸上為所欲為：掠奪、踐踏生命與文化、大屠殺（比如赫雷羅人的遭遇[註1]）、強暴、科學實驗，各種暴力形式靜靜地在這裡達到頂點。

近年來，風向似乎變了，出現了某種欣快、樂觀主義的表述方式。未來將會是非洲的。非洲大陸在經濟成長上有所進步，前景一片看好。經濟學家評估非洲將是國際資本流動的下一個目的地，因為這裡的獲利是其他任何地方都比不上的。在中國與金磚五國（BRICS）[註2]的發展似乎遭遇瓶頸時，它會是經濟強勢起飛的所在。而擁有豐富的原料與自然資源，也將使非洲大陸成為全球資本主義未來的黃金國。在非洲處於風雨飄搖之際，這是未來榮景

1　譯註：赫雷羅人原為非洲南部少數民族，主要活動區域為納米比亞。十九世紀初先有南非的納馬族到來，後有歐洲人開始在該地定居，在十九世紀末更成為德屬西南非殖民地。1903年赫雷羅人與殖民者發生衝突，遭到德國人壓制，導致其人口數在四年間從八萬銳減至一萬五千人，是為赫雷羅人大屠殺。

2　譯註：金磚五國為巴西、俄羅斯、印度與中國（BRICS）。2024年在埃及、衣索比亞、伊朗、阿拉伯聯合大公國加入之後擴展為金磚九國（BRICS+）。

的甜美預兆。

但這些論調也一樣,都是他者在一個酣睡的夜晚所製造的夢,自說自話,而主要的當事人並沒有受邀進入這場集體夢境裡。當然,繁榮是人民共同的願望。但論及經濟的關係,是否所有人都認同以一種機械式、理性主義論者的秩序作為調度,為了少數人的利益而讓世界與所有資源任憑他們瘋狂剝削、破壞生存條件的平衡?答案可就沒那麼確定了。

既然非洲大陸就是、且將會是世界的未來,言下之意,即它此刻不是,它與當下時間充滿空隙難以疊合。人們用各種字眼去雕琢強調非洲的未來,指出的正是它現在的匱乏。實際上,把它的現在搬到未來,這種挪移只會讓它的弱勢形象繼續深植人心。我們每天都用不同的方式,告訴這成千上萬的人,他們過的生活不值一哂。部分接納這類充滿經濟意味與統計抽象術語的非洲人,似乎便贊同了這種倒置的人性觀點,也就是重量不重質,物質的擁有勝過精神的存在;他們在世上的分量僅以國內生產毛額(GDP)或是國際貿易地位來衡量。

當今關於非洲的論述是由一股雙重潮流所主導:光明未來的信念與面對混亂當下的沮喪。這股潮流經歷過各種激烈的劇變 [註3]。在這樣的脈絡下,人們很容易屈服於災難論或讓步給它那對立的分身——無可救藥的樂觀主

義。反之,可以確定的是,非洲大陸經歷的種種危機都是它正在分娩的徵兆。它將會產出天使或是怪物?我們在模稜兩可的情境下躁動不安,暫時看不出所以然。

然而,比起缺乏形象,非洲大陸缺乏的更是對未來的思考與自身隱喻的生產。這種自主、由內在生成的目的論(téléonomie)[註4]的缺乏,其實與非洲對於自身的現在、命運與未來的反思互為因果。人類社會的蛻變向來是有機的,如此才能對抗無法迴避的挑戰、調整適應、存活或就此滅亡。

在這樣的條件下,為什麼要針對非洲現況及其前途的思考進行闡述?因為社會首先是在自身的想像中創立起來的[註5]。這些想像猶如鍛造爐,而社會從中自我形塑,滋養生命並予以深化,將社會與人類的冒險拉升到另一個層次。社會也與時俱進,因為它們將自己投射到未來,思考其永續的條件,為此將知識精神與象徵資本傳承給後代,提出社會與文明的計畫,打造某種人類願景並定義出

---

[3] 多種型態的政治危機、聖戰主義、內戰、治理不善、物質上的貧困。

[4] Téléonomie 指的是自然界中根據自然機制運作而達到的最終目的。進一步引申為團體或個人賦予自身的終極目的。

[5] Cornélius Castoriadis, *L'Institution imaginaire de la société*(社會的想像制度), Seuil, 1975.

群居生活的目的。因此，這關乎如何將自己從欣喜或絕望的辯證中抽離，竭力對自己、自身現實以及在世界的處境進行批判反思：自我思考、自我再現、自我投射。而先決條件，便是接受此刻這片大陸在其歷史演變下確切的模樣：它歷經數個世紀權力關係的拉扯、內在與外在動力的推擠共同塑造而來的模樣。藉由凝視它原本的面貌，而不是它應有的面貌，讓它吐露其深層動力的奧祕。

　　思考非洲，是在混沌未明的黎明中行走，行走的人沿著一條插有標記的道路，被催促要加快步伐，好趕上那輛似乎幾個世紀前即啟程的世界列車。它意味著清理視野遭到遮蔽的茂密森林。意味著踏在陷入一團迷霧的小徑上，一個被傾注概念、以及理應映照出社會目的論諸多指令的所在，一個浸滿意義的空間。

　　發展、經濟興起、成長、對抗貧窮等關鍵字對某些人來說，都是那個年代主流知識型（l'épistémè）[註6]的重點概念。此一知識型最先揭示的是從十五世紀開始，西方藉著技術上的優勢，甚至必要時會用上棍棒與大炮輸出到

---

[6] L'épistémè（知識型）一詞的定義為科學知識的總和、一個時代的知識及其前提。更廣義地說，是一種思考、再現世界的方式：主導一個時代之價值及信仰的整體，且延伸廣披整個文化。參見米歇爾・傅柯，《詞與物》（1966）、《知識的考掘》（1968）。

世界的這個夢。然而西方之所以拿下這場決定性的戰役，更因為他們將其對人類進步的詮釋版本灌注到集體想像裡。我們要做的，便是將它從這個位置驅離，讓位給其他可能性。

將思考放遠，便是構思生活，什麼叫做活得舒適、什麼是生存之不可或缺，而不是停留在以量取勝與貪欲的模式裡。思考如何將生命力發揮到極致。將社會進程的冒險視為生命必要的滋養，傳播它、繁衍它，將生命置於更高的展望以提高其品質。非洲人在人類歷史初露曙光時，攻克窮山惡水，建立起永續的社會贏得對抗自然的第一場勝利，讓人類因而存活下來、長長久久[註7]。這是他們在智人從非洲大批出走之前的第一份遺產。如今，這第N份遺產可能是：在技術文明（civilisation technicienne）遭逢意義危機的時代，提供源於其他神話宇宙，借自生活、平衡、和諧、與意義共通的夢想而來的另一種社會生活願景。

非洲邦（Afrotopos）是不同於非洲的所在，我們應該加速它的到來，好實現那些幸福美滿的潛在可能性。建立一個烏托邦，絕對不是放任自己沉湎於甜美的幻夢，而

7　John Iliffe, *Les Africains. Histoire d'un continent*（非洲人。一片大陸的歷史）, Flammarion, 2009, 1997.

是思考如何透過思想與行動生成現實的空間；在當下辨識出其徵兆與胚芽，才能加以滋養、孕育。非洲烏托邦是個積極活躍的烏托邦，而它賦予自己的任務，便是挖掘非洲現實裡充滿可能性的廣闊空間，並將之灌溉培育為一片沃土。

於是，其挑戰即在於具體建構出一套關乎非洲大陸未來走向的思想，除了透過對政治、經濟、社會、象徵、藝術創造力的細緻觀察，還要辨識出各種新實踐、新論述生發的場域，以及這個即將出現的非洲又是在那些地方蛻變成形。因此它涉及的會是解碼當前的動態、辨別激進新穎的崛起、思考社會規劃的內容、分析文化在這些蛻變過程裡扮演的角色、帶出一種前瞻性思維。它同時也涉及構思一張文明的藍圖，把人置於其關注的核心，提出不同秩序諸如經濟、文化、心靈之間更好的平衡；並闡明主體與客體、本源（Archè）與新生、精神與物質之間的不同關係。投入這項工程是必須的，如此才能拓展視野並促進非洲社會的積極改造。這個任務是非洲知識分子、思想家與藝術家的首要責任。這本論述抱持的雄心壯志便是掌握這麼一張藍圖的輪廓。

逆流

而上

為了讓涉及這片大陸的思考具備產能，它本身必須擁有絕對的知識主權。這關乎思考此一變動中的非洲時能否成功擺脫諸如：**發展**、**崛起**（émergence）、**千禧年發展目標**（OMD）、**永續發展目標**（ODD）等混合詞，這些迄今為止用來描述非洲，特別是將西方神話投射到非洲社會運行軌跡上的字眼。這些概念由於與西方宇宙觀的連結過於緊密，使其對現實的解讀受到侷限，無法窺見非洲大陸當前的動態、考量當地正在發生的深刻變化。這些聲稱能區分並描述社會動力的類別，是霸權式的，當非洲社會的運行被納入一種自以為放諸四海皆準的目的論，這些社會本身的創造力、它們為其可能的未來生產隱喻的能力即已遭到否定。這些概念之所以與非洲社會的文化、社會、政治與經濟複雜度格格不入，是因為其解讀框架本質上即借自其他神話宇宙。

　　這些概念主要的毛病之一，姑且可稱之為一種量化強迫症（quantophrénique）的傾向：對計算、評估、量化、把一切放進方程式的執著。把社會動力歸納成各種用以反映其演變指標的意志。這對於預測、管理、提早準備、衡量進度與剩下幾哩路要走、分配某些類型的資源福利，確實有幫助；然而，以數學簡化現實，其風險便是讓不完美的度量標準與參照，神不知鬼不覺地轉化為社會進程冒險的終極目標。

此即造成了以社會經濟、社會政治指標這些常用類別來評估社會生活及其演變的問題。其中一個經常被使用的標準，便是以國內生產毛額或是人類發展指數來了解一個國家的富裕程度。這些綜合指標並不滿足於指出一個「財富或能力[註1]」的量化門檻，即為了讓個人與全體生活水準獲得改善最好達到這個數字，還依據某種標準化尺度將世界各國加以分類排序，有第一名跟最後一名。除了本身統計上的缺陷[註2]之外，這些與生活條件有關的指標，根本無法反映出生活本身。社會關係的品質及其強度與豐富度，社會距離，人際關係、文化、精神生活的本質等，所有構成生命的這一切，其精髓與意義、活著的理由，總之，都從它們過大的網目穿出而無法被感知。

　　目前人們正努力讓這些指標更充足完善並提高其複雜度，同時也將附加價值以外的其他面向納入考量，諸如教育、健康、生活品質與環境品質。而後兩種指標關乎幸福這類非物質層面，總會碰到難以量化的阻礙[註3]。

1　由哲學家與經濟學家阿馬蒂亞・沈恩（Amarty Sen）發展出來的改念，指的是去成為、去實行我們所重視之事物的能力。
2　低估某些面向、忽略了生產的附加價值（非正式經濟、家務）；且統計結果高度仰賴計算時所參照的特定年份。
3　雖然缺乏對幸福或滿足感的精準評估，我們甚至試圖透過測量神經元

然而，就本質來說，我們應該打破的是對個體與社會生活錯誤的評估。生活無法用碗來衡量，它是一種經驗而不是一場表演。

走在一座非洲城市裡：拉哥斯（Lagos）、阿必尚（Abidjan）、開羅或是達卡，是一種感官與認知的初體驗。你會立即被它的節奏抓住。生命力、創造力與能量在街道上迸發，混亂與秩序搶奪著空間；過去、現在與未來的雛形共居其中。本能地，人們會感覺到以附加價值GDP而來的指標、各國相對財富水準的排名與排序是無效、抽象且有限的。生活、社會的脈動、社會互動的強度、人們與周遭環境的關係、在其中感覺舒適與否的事實、滿足感等都不會任由這些統計數據捕捉。生活在這些空間裡、置身其中，我們會失去所有相對評估的概念，換言之，紐約擁有的橋和高速公路數量遠超過阿必尚又如何。西尼區（Sine）[註4]的農民工作了一天回家之後，不會質疑他是否發展了、崛起了，抑或他是否身在一個沒那麼進步的國家。今年雨水豐沛，日復一日繁重的工作妥妥當當地完成

活動產生的alpha波與伽瑪波、壓力程度等，力求貼近某種心理健康的衡量標準。同樣地，也有一些嚴謹的嘗試企圖建構出一種可能取代國內生產毛額的國民幸福毛額。

4　塞內加爾中西部的一個地區，主要居民為塞雷爾人。

了，豐收可期，他沉浸在滿足的情緒裡，等待收成。藉由打造世界、建立起比他的生命更長久的永續生存條件，他這份工作不只是種勞務，更是一件作品。

當夜色降臨一座非洲城市，我們在回家路上承受著斷電的不便，在坑坑巴巴的道路上踉蹌前行，我們體驗到社會組織的機能不全或不足。我們合理地嚮往一種更理想的形式——資源供給與公共服務都更適切便利的形式。然而，這些匱乏的經歷融入並成為生命經驗的總和與光暈的一部分。生活造就了這個無可區分的整體，生命經驗的感受由人生各個面向的閱歷匯聚而來。那些與舒適性或社會組織最佳化相關的經歷，混入了涉及生命經驗品質和強度的經歷（而前者甚至可以被後者所主導）。

裹起來

「發展」是西方積極透過擴散其神話與社會目的論，在世界上延伸其知識型的一種說法，它已成為我們這個時代最強大的神話素（mythème）之一。所有社會都需要神話來合理化其演進與對未來的挪用（appropriation）。殖民主義讓文明使命的概念徹底失去

影響力，發展以人類社會進步不容置喙的準則自居，將其前進的腳步放在進化論者的視野裡，否認其軌跡的多元，也否認它有多種回應挑戰的方法 [註5]。

發展因而是一種嘗試，企圖將起源於西方並在西方推至極致的這份事業普遍化 [註6]。它首先是一種思想的表達，這種思想在擁有改造世界的方法之前，已然將世界合理化了。而這類進化論者與理性主義者的社會動力觀點績效斐然，因為幾乎所有甫擺脫殖民的國家都加以採用。將西方社會視為參照而揚棄其他社會組織所有軌跡與形式，這就是它了不起的功績。同樣地，透過某種溯及過往的目的論，所有不同於歐美社會的社會當然都屬於**未開發**。促使大多數國家效法西方轉而狂熱追求發展，正是其否定差異的成功之作。

西方諸多評估標準（GDP、國民所得、工業化程度等等）表面上的客觀性有助於推廣這項將社會合理化、標準化的事業（它奠基在決定論與可預測之世界的烏托邦上

---

5 美國總統杜魯門（Harry Truman）是二戰後這種主張的推動者之一，他向所有**經濟落後**──也就是落後於美國的地區──提出援助。

6 Jean-Marie Domenach, « Crise du développement, crise de la rationalité »（發展的危機，理性的危機）, in *Le Mythe du développement*（發展的神話）, sous la direction de Candido Mendès, Seuil, 1977.

[註7]）。十七世紀，西方出現了社會與諸多知識領域有無窮進步之可能的想法 [註8]。其推論在於，這個世界存在某種人類自然史，人類社會、知識和財富的發展都呼應著一種自然的、自動動力的原則，而此原則奠定了某種敘事的可能 [註9]。

此一社會進化論的進展可類比為生物秩序。社會無限進步的可能，體現為 GDP 的持續成長，這是對基督教末世論提及的天國無限一種異教的、世俗的詮釋。進步、理性、成長與秩序故而成為西方現代知識型的關鍵詞。

從詞源來談，發展跟捲起來、裹起來是對立的。它指的是增長、鋪展、發揚。事實上，我們只會發展已經存在、蟄伏、具有潛力的那些。人們給非洲人的提議，是個跟成衣一樣現成的社會。為了組織其政治、經濟與社會，他們被要求披上來自他方歷經千年的制度形式，但就連當

7　源於十八世紀和十九世紀歐洲啟蒙思想與科學實證主義。

8　此想法為笛卡爾、萊布尼茲與帕斯卡在古今之爭裡所提出。（譯註：古今之爭指的是十七世紀末，一批法國知識分子與作家針對文學、藝術等文化領域提出古代與現代孰優孰劣的爭辯。）

9　Gilbert Rist, *Le Développement : histoire d'une croyance occidentale*（發展：一種西方信念的歷史）, Presses de Sciences Po, coll. « Monde et sociétés », 2013, 2007.

初的創始者也無法想像這些形式如何發展為現在的輪廓。相較於鞏固每個民族的獨特性與特徵，單一模式的強制套用，使之在呈現出「類似的存在」的命令下，比起達致「加法的存在」，每一種特殊的文化都成了「減法的存在」[註10]。非西方社會成了貨真價實、被不合身的社會整體形式裹起來的作品。

此一發展宣言已變成一種意識型態：它成為諸多概念的交纏，而比起釐清現實，它則藉由證明它承擔一種不同於真實的實踐與秩序來掩蓋現實。1960 年代以來的兩百個開發中國家，只有兩個國家從低收入國過渡為高收入國，只有十三個國家成功擺脫中收入國，加入高收入國的行列。這幾個奇蹟之國的存在是為了鼓動信念之火，但簡單地說，我們必須承認的現實是，對於走上這條道路的國家而言，那份繁榮前景的許諾以巨大失敗告終。當然，人們也可以反駁它們沒有好好應用這個模式，而這正是問題的癥結點。發展理應表現出從**潛力**到**行動**的過程 [註11]。以生物學為類比的話 [註12]，它是胚胎發育乃至生命達致成熟

---

10 Jean-Marie Domenach, *op. cit.*
11 Cornelius Castoriadis, « Développement et rationalité »（發展與理性）, in « Crise du développement, crise de la rationalité »（發展的危機，理性的危機）, in *Le Mythe du développement*（發展的神話）, *op. cit.*

的過程。在這樣的意義下，發展涉及兩件事：定義人類發展的最終狀態，但更要定義我們力求將之實現，那些具備潛在要素、已經存在的**潛力**。

採用模仿、嫁接與外傾的模式能夠完整自我實現嗎？在被迫採用那些並非由自身潛力實現而來的社會結構、心理特質、意義與價值的情況下，答案當然是否定的。

所有群體的起源，都有一個共同象徵符碼為基礎，使其成員能以相對單一明確的方式來思考、述說、體驗現實。人類學已然讓我們看到諸多社會均奠基在一個創始敘事、一個神話之上，某種世界觀與組織即由此形塑，且為那些通常由成員內化而來的社會規則、語言慣例之特定價值建立起等級。現代社會，特別是西方工業社會亦沒有逃脫這樣的結構。後者必須透過一種反映其宇宙觀與社會意識型態的神話學來合理化其演進與對未來的挪用。從這個角度來看，經濟論述一如經濟神話般運作，是維繫工業社會秩序的保證。它替宇宙與社會諸多再現樣貌提供養分，使制度合理化，確保信念，形塑各種生活與思考方式讓現實得以調度配置，符合其敘事最初傳達的訊息。幸福、進

---

12 以生物學作為類比的壞處在於，想要把生之秩序的發展進程轉移到社會歷史現實裡。

步、成長、平等都是西方宇宙的關鍵概念，左右其對現實的解讀，並透過發展神話素將這種解讀強加在其他民族身上。

同樣地，西方給非洲人的提議是重現一個預先製作的社會模式，裡頭並沒有替他們的當地文化預留位置，而且／或者，其文化太常遭到否定式的評估[註13]。此即忽略了一個事實：西式發展本身除了是個經濟上的計畫，更是文化上的，它來自一個特定的世界。這種把西方進步神話轉置換位造成的後果，便是摧毀非洲社會群體的基本個性、既存的團結網絡、各種意義體系，更嚴重的是，將人民禁錮在一個不屬於他們的價值體系裡。

這個**經濟神話**一方面成為霸權式的存在，將西方觀點的社會冒險終極目標投射到非洲社會裡；另方面，則有著賦予所有實踐某種形式的意圖。因此，大多數非洲國家有必要構思一個從自身社會文化出發，源自其神話宇宙與世界觀的政治、經濟與社會規劃。這裡便出現了在經濟與社會領域關於特殊性與普遍性的辯證問題。透過某種方法、某種計畫試圖去回應一個社會群體的基本需求，是所

---

13 Axelle Kabou, *Et si l'Afrique refusait le développement*, L'Harmattan, 1991。《而若是非洲拒絕發展》一書透過非洲文化對進步的不適應來解釋非洲大陸的發展不良。

有社會共同的普遍職責。至於達成這個目標的實際做法、需求的定義與層級劃分、價值尺度的建立，這些都是豐富多元的，取決於每個人類群體獨有的質地。

我們著眼的是對發展主義意識型態進行一種哲學、道德與政治的批判。西式發展是歷史為了回應西方社會所給出的一種形式。現代西方的瘋狂在於將其理性視為某種至高無上[註14]。這種理性反映的不過是思想的某個瞬間、某個向度，當它脫離脈絡取得自主時便會變得瘋狂。

更廣義地說，我們要掙脫的是機械理性的統治，不再回應主流的經濟秩序（發展、崛起、經濟主義、不間斷成長、大眾消費）的多重命令。我們正在經歷的全球經濟危機及其各種表現，恰好點出了它的侷限。

我們必須揭示的是，這個危機首先觸及的是道德、哲學與精神：它是物質與技術文明喪失對優先序的區辨能力而造成的。我們要做的，便是擺脫主宰世界之理性與機械論者模式的支配。這個模式自比為**自然的主人與擁有者**，給了人類一個顛倒的觀點，推崇重量不重質、物質的擁有勝過精神的存在。

非洲大陸是多元的。從阿爾及爾到好望角，這片土

---

[14] Cornelius Castoriadis, *op. cit*.

地是豐饒的所在，匯聚了各種文化、民族、歷史現實、地理、社會與政治組織模式，並擁有不同的時間性。儘管有著如此多樣性（可視為它的一種財富），非洲國家共同承擔著同樣的命運，面臨同樣的歷史挑戰，近期的遭遇也相仿，特別是它們都有這樣的計畫：非洲必須重新成為自身強大的力量與自己的光〔註15〕。這牽涉到的當然是解決社會與政治失衡的問題，為此必須重新勾勒政治的輪廓。不過也涉及以適當方式回應非洲人民基本需求的問題，而為此必須重新思考經濟，只是必須合乎人性尊嚴，並且讓經濟各種手段秩序服從群體所定義的社會終極目標。但更要注意的是，不要掉入基於必要性而來的思維陷阱，導致經濟與技術成為汲汲營營的目標的附屬品。一個文明不會在物質價值裡枯竭，精神價值會賦予它們某種意義。

把那些不僅回應個體物質需求，同時還滿足其文化與精神需求的社會規劃互相銜接起來。

在文明藍圖的全球脈絡出現危機之際，非洲烏托邦旨在闢出另一條共同生活的道路，重新銜接不同秩序之間的關係：文化、社會、經濟、政治，並創造一個嶄新的意

---

15 我借用了阿席勒・穆班布（Achille Mbembé）的說法：發表於2013年1月關於殖民圖書館的研討會，名為「Afrika N'Ko」（在世界談論非洲），由非洲社會科學研究發展委員會（Codesria）在達卡舉辦。

義空間、整理出新的價值尺度，且這次是以它的文化與豐饒的本體神話為基礎。打造對於居住其中的人民有意義的社會。逆流而上，揚帆啟航。

現代性

的命题

現代性被視為歷史條件的某種集合，讓我們得以與傳統文化價值面對面，思考個體的解放。有人將之追溯到西方 [註1] 的文藝復興，1543 年君士坦丁堡被占領的時候，或甚至是遇見新世界的時候（1492）。它通常與追求啟蒙時代的理想連結在一起。在西方，它本質上是一種將理性作為社會、政治與文化組織之基礎的欲望。如同哲學概念，它是將理性視為超驗性規範強加在社會上的一種計畫，取代上帝、祖先或是傳統。現代是人類知識從自然與神性中解放、人類除了自身之外拒絕從外在獲得其正當性的時刻 [註2]。因而理性與主體便是現代性那兩張臉。而科學、技術，民主架構、個體主體的權利和自由便是它的戰利品。

二十世紀時，哈伯瑪斯（Jürgen Habermas）注意到西方出現的現代性危機。理性工具化帶來的顯著發展使人類成為其生產之社會約束的奴隸。儘管主體獲得了重要的權利（個人自由、共和民主等），但人們似乎更重視科學與技術領域的成功，勝過在道德和政治領域上的成就。

---

1 有些學者諸如Shmuel N. Eisenstadt, « Multiples modernités »（多重的現代性）, *Daedalus*, Winter 2000, 129, 1, Research Library Core，對西方現代性起源的單一性提出質疑。

2 Rémi Brague, *Le Règne de l'Homme*（人類的統治）, Gallimard, 2015.

對哈伯瑪斯而言,現代性是個未完成的計畫,而人類必須重新將之拾起以免失去人性。歷經了大蕭條、奧斯威辛、廣島與古拉格之後,由理性帶來的人類進步之元敘事(métarécit)正在塌陷。理性隨著時間漸漸失去其提出普遍目標的能力。面對理性工具化的勝利,我們有起身對抗的必要,以便找回它在目的的追求與定義上的初衷。與此同時,西歐在1950和1960年代,諸多重要文化指標紛紛崩壞:家庭、民族、責任與義務,集體優先權與獲得法律承認之公民基本自由之間的妥協。個體的神聖、享樂主義的崇拜、多重歸屬、身分碎裂、社會實踐的流動性、群體責任感的消解,構成了像是李歐塔[註3]這類理論學者所謂的後現代性特徵:即在二十世紀末的西方當代社會裡,將理性視為超驗之整體性參照突如其來的解體。從此以後,個體有意義的行為即脫離了賦予其意義的共同秩序,由純粹自我指涉與自動的調整控制所取代。後來則有吉爾・利波維茨基(Gilles Lipovetsky)[註4]的超現代性。

---

3 Jean François Lyotard, *La Condition postmoderne*(後現代狀態), Minuit, 1979.

4 Gilles Lipovetsky, *L'Empire de l'éphémère*(曇花一現的帝國), Gallimard, 1987; *Le Crépuscule du devoir*(責任的衰微), Gallimard, 1992; *L'Ère du vide*(空洞年代), Gallimard, 1983.

其特徵是現代性的過度延伸，全方位的超載（量販店、超文本、網路上數十億個網站、數百個電視頻道、克隆、極限運動），對於當下那個瞬間、那些感受的一種迫切，一個「瞬間之人」（homme-instant）。

這種後現代性同時被視為文明深層危機的症狀，並導致西方個體的極度脆弱化（抑鬱、自殺）。

重新思考與傳統的關係

在非洲的脈絡下，傳統與現代經常是對立的。現代性自我定義為像是實質上與來自傳統的價值、指涉系統，簡言之就是與知識型對立的事物。**殖民圖書館**（bibliothèque coloniale）[註5] 將非洲傳統概括簡化，彷彿其特點是由某種停滯的時間性所構成，執意抗拒著大寫歷史（Histoire）與進步的進程（黑格爾、修謨、盧梭、吉

---

5 瓦倫丁－伊夫・穆丹貝（Valentin-Yves Mudimbé）（譯註：剛果民主共和國的哲學家、作家、詩人）提出的「殖民圖書館」這個說法指的是所有由歐洲探險家、人類學家、民族學家針對非洲大陸而寫的所有文本的集合，對於建構出與非洲有關的願景與想像起了極大的作用。

卜林）。在這樣的情況下，非洲現代性的發明、發現或採用，大抵只是對傳統的拔除，否定舊有，特別是否定其自此以後規範當前社會實踐的能力。現代性大抵是當今這個時代的外衣，剪裁自他方，但只要將它穿上便可以跟世界調性一致，必要的話，可能要把手腳四肢截短好讓這件衣服穿來更合身。順應當下的命令：成為現代，付出的即是這樣的代價。這些在對立與互斥中產生的傳統－現代性辯證的各種術語，以及純粹外在的現代性願景，都值得審視。

對奧斯卡・賓文伊－奎希（Oscar Bimwenyi-Kweshi）[註6]而言，傳統是配置那些賦予生命意義的基礎精神價值之所在。它是非洲人在「成為人」的動力之關鍵錨點。尚－馬克・艾拉（Jean-Marc Ela）[註7]援引此一價值傳統正是著眼於它在當代生活場域中可能的產能：在具體的社

---

[6] Oscar Bimwenyi-Kweshi, *Discours théologique négro-africain : Problèmes des fondements*（非洲黑人神學論述：基礎問題）, Présence africaine, 1981.（譯註：賓文伊－奎希〔1939-2021〕致力於推動非洲神學的發展，主張在既存的非洲宗教語言裡理解上帝，關注解放神學與文化認同。）

[7] 尚－馬克・艾拉（1936-2008）為喀麥隆神學家，著有 *La Plume et la Pioche*（羽毛與十字鎬）, Yaoundé, Clé, 1972, 以及 *Cri de l'homme africain*（非洲人的吶喊）, L'Harmattan, 1980.

會政治關係裡,文化創造的能量可被重新利用。他賦予現代性一項使命:打造新的非洲人,因為在這個現代性遭到扭曲的脈絡裡,其成功僅局限於科學與技術領域,而此刻,它在非洲只製造出不平等、貧困及遺棄感。這當中的挑戰,是擺脫那些無論在現代性或在傳統裡削弱人類、摧毀其力量與創造性的一切事物,並替那些被束縛在世界無情的經濟秩序各種可怕結構上的手腳鬆綁。

傳統與現代性顯現的既是內在現實,亦是非洲人作為世界之存有所面臨的諸多問題癥結點。我們的當務之急是根據異花授粉這種彼此滋養的原則再次銜接重整。對喬治‧恩甘戈(Georges Ngango)[註8] 而言,問題不在於非洲在現代性經濟、技術與政治這條路上拒絕從外部經驗汲取教訓,而是要確定與外界必要的接觸基準,對於非洲應將之視為豐富其自身的正面因素而予以採納的諸多價值,也必須規範出界限。

保羅‧吉洛伊(Paul Gilroy),則與傳統本質主義者的觀點背道而馳,他建議將傳統視為一種「變動的自身」,「持續努力以達到不斷逃出其掌握的自我實現的

---

[8] *Éthiopiques*, numéro spécial, revue socialiste de culture négro-africaine, 70e anniversaire du président L. S. Senghor, novembre 1976.(譯註:喬治‧恩甘戈〔1932-1998〕為經濟學教授,曾擔任過喀麥隆資訊與文化部長。)

狀態」[註9]。非洲現代性的道路大抵包括將源自西方的技術、話語和制度，經由選擇並納入非洲的文化及政治世界，才能產出一種有所區隔且自主的現代性。這些分析都有一個共通的想法，即非洲現代性仍有待發明，必須將之視為一種嫁接物來思考，藉由選擇並納入對它而言原本陌生的實踐與制度才得以實現。

查爾斯·泰勒（Charles Taylor）、迪佩什·查卡拉巴提（Dipesh Chabrabarty）、邁克爾·漢查（Michael Hanchard）與狄利普·嘉卡爾（Dilip Gaonkar）[註10]所提出的另類現代性思考，則預設現代性無論是社會整體的、歷史的或文化的，都是西方建構其最初自我展現場域的一種過程。然而，由於交流、移民潮、殖民事實，使得現代性已經散播到（儘管內容並不完全）原產地以外的地方了。因此，西方不再是它唯一的保管者與供應者。它的化身多元多樣，在所有地理與文化場域裡隨處可見。西方現

9　Paul Gilroy, *L'Atlantique noir. Modernité et double conscience*（黑色大西洋。現代性與雙重意識），Éditions Amsterdam, 2010.（譯註：保羅·吉洛伊〔1956-〕，英國社會學、歷史學家，2019年以其在文化研究及關於種族、社會學、人類學、非裔美國人研究上的卓越貢獻獲得素有人文科學諾貝爾獎之稱的郝爾拜獎。）

10　Dilip Gaonkar (dir.), *Alternative Modernities*, Duke University Press, 2001.

代性［註11］本身來自它所接觸的諸多世界各種貢獻的綜合體。**另類現代性**（modernités alternatives）的觀點，是對現代進行再敘事的一項提議，強調其體現的多樣性，且是在相對來說偏離西方核心的區域。這種現代化會帶來單一模式之社會組織的想法，在他們看來是錯誤的。現代的發明在其他天空下帶出前所未有的形式（俄羅斯、千里達及托巴哥〔Trinidad and Tobago〕、上海、拉哥斯、約翰尼斯堡）。它能產出的就是這些多元、特殊的體現。至於什穆埃爾・艾森施塔特（Shmuel Eisenstadt）［註12］，他將多重現代性的存在予以理論化，不僅否認此一想法源自西方，同時否認西方對這個概念的獨占性及其普世主義。非洲黑人文明，伊斯蘭教、印度教和猶太教文明，在這些文明核心都有著基於理性而來的普世主義計畫。共同利益、普遍意志和個人自主性等都是他們共同關注的問題。對於其中一些文明而言，要是沒有遭到帝國主義的汙染，那麼他們的普世主義應該會更好。

---

11 我們必須區隔以下幾個名詞：現代性（理性作為社會、政治與文化組織的基礎）；現代主義（十九世紀的藝術運動）；現代化（技術與創新融入社會組織的過程）；現代（在藝術領域，相對於古代而言）。

12 Shmuel N. Eisenstadt, *op. cit*.

自我重塑

當代非洲社會正在經歷危機,這場危機與調節社會生活舊有作法的可行性有關。舊有形式的運作不再那麼順暢,而朝向新形式的過渡轉變遲遲有待推進。因此它們被催促著自我重塑好面對加諸在自身的經濟、文化、政治與社會挑戰。當代非洲人夾在他不再真正了解的傳統以及一股宛如毀滅、非人性的力量落在他頭上的現代性之間,四分五裂[註13]。還記得與西方現代性接觸中最令人印象深刻的一點,是藉由殖民事實帶來一場「與他者醜陋臉孔的相遇」[註14]。這在非洲社會掀起根本性的動盪並造成社會群體基本性格的劇變。因此,西方現代性引起非洲人的著迷與厭惡。切克‧哈米度‧凱恩(Cheikh Hamidou Kane)《曖昧的冒險》(*L'Aventure ambiguë*)與穆丹貝《潮水之間》(*Entre les eaux*)的主人公都是這樣的原型[註15]。擺

---

13 卡‧馬納(Kä Mana),剛果哲學家與神學家,« Penseurs d'Afrique et la modernité »(非洲思想家與現代性),可於 www.congoforum.be 網站瀏覽。

14 Aimé Césaire, *Discours sur le colonialisme*(殖民主義論述), Présence africaine, 1955.

盪在兩種文化之間,他們必須掌握與重建的內在性充滿問題,因為它遭到切割、分裂。非洲人察覺到他的命運在他直接碰觸的世界秩序裡已被顛覆,他必須將之重塑,使之達到能應對他定義的關鍵挑戰 [註16] 的水準。他必須能棲身在真正屬於他的世界,因為這個世界才符合他重新發現與重新想像的自己。

與此同時,法農 [註17] 對西方現代性想像提出批評,要求在自我重塑的行為裡不能只是個蒼白的模仿者:「不要以受到歐洲啟發而建立的國家、制度、社會來向歐洲進貢。人類對我們有另一種期待,而這個扭曲諷刺的模仿是猥褻的。若我們想把非洲改造成另一個歐洲,那麼把國家的命運託付給歐洲人吧,他們會比我們之中最有天分的人做得更好。然而,若我們希望人類更進一步,若我們希望將它提升至不同於歐洲人展現的水準,那麼就必須去創

---

15 譯註:塞內加爾作家切克・哈米度・凱恩(1928-)的半自傳小說《曖昧的冒險》出版於1961年,隔年獲得黑色非洲文學大獎(Grand prix littéraire d'Afrique noire)。小說敘述年輕的桑巴・迪亞洛在傳統非洲價值觀與西方殖民文化教育間的掙扎。穆丹貝的小說《潮水之間》在後殖民的脈絡下,描述一位牧師在基督教信仰與自身非洲傳統中的身分認同。

16 Kä Mana, *op. cit*.

17 Frantz Fanon, *Les Damnés de la terre*(大地上的受苦者), La Découverte, 2002 ; Maspero, 1961.

造，必須去發現⋯⋯」

一種非洲現代性？

非洲的西化自從被殖民以來即持續進行著：非洲大陸上的官方語言、教育體系、行政管理、經濟組織和制度都採用西方的形式。然而，社會結構卻無法完全接受它們以及由此產生的價值系統。我們注意到嫁接的制度形式與心智框架、意義系統之間的脫節，後兩者持續在不同的空間裡，生產不同於前者的組織形態。某些混種事物顯示狀態未完成，理想形式有待探詢，列車尚未達致穩定的最佳速度。這些醞釀中的形式表示重新銜接的工作正在進行。要是非洲現代性希望避免變成歐洲的劣質仿冒品，它的輪廓與內容可以是什麼？

非洲知識分子 [註18] 對這片大陸的社會政治動態進行

---

[18] 他們撰寫了關於權力、自由、民主、法治、發展、族群、具有批判與反思的法律、歷史與神學文本。在衣索匹亞有一部哲學作品以阿姆哈拉語寫成。在十九世紀有霍頓（譯註：James Africanus Horton，約 1835-

了大量的書寫與思考，這已經維持好長一段時間了。呂克·恩戈維（Luc Ngowet）[註19] 認為非洲現代性的輪廓應根據非洲本身的論述來掌握，而這些論述不能簡化為人類學家與非洲主義政治學家的話語。從十七世紀開始，已有非洲思想家關注生活經驗以及他們與現代性的關係。桑海帝國（Empire of Songhai）的知識菁英，特別是廷巴克圖的學者艾哈邁德·巴巴（Ahmet Baba）[註20]，早就詰問伊

1883。出生於獅子山，在英國受教育，是位軍官、外科醫生、作家以及民族主義者，質疑非洲人較低等的說法，提出非洲自治的思想）和薩巴赫（譯註：John Mensah Sarbah，1864-1910。黃金海岸〔今迦納〕著名的律師與政治領袖），在二十世紀有桑戈爾（譯註：Léopold Sédar Senghor，1906-2001。詩人、政治家、文化理論家，塞內加爾首任總統）、尼雷爾（譯註：Julius Kambarage Nyerere，1922-1999。坦尚尼亞政治家，首任坦干伊喀總統與首任坦尚尼亞總統）和恩克魯瑪（譯註：Kwame Nkrumah，1909-1972。政治家與革命家，帶領英屬黃金海岸獨立，為首任迦納總理及總統），都產出了某種非洲政治思想。

[19] Luc Ngowet, « Qu'est-ce que la pensée politique africaine: fondements théoriques »（何謂非洲政治思想：理論基礎）, séminaire sur la pensée politique africaine, Collège international de philosophie (CIPH), 2014.

[20] 譯註：艾哈邁德·巴巴（1556-1627）。1970年代，馬利政府在聯合國教科文組織協助下於廷克巴圖成立的艾哈邁德·巴巴伊斯蘭高等研究所（Institut des hautes études et de recherches islamiques Ahmed-Baba），即以這位學者為名，該研究所典藏了大量珍貴的手稿。

斯蘭對非洲政治經驗的影響。根據恩戈維的看法，非洲現代性無法化約為一個特定時刻（例如非洲各國的獨立），亦無法歸結為多重時間性的一個時代，抑或一種進程式現象（例如現代化、工業化、技術進步在社會結構上的影響）。它是一種歷史的、社會心理學的連續體，由一系列標記著非洲歷史之政治事件引發而來。與他者（東方、西方）的相遇是其中一個時刻，但還有非洲各國的獨立、後殖民時代與民主的過渡與轉型。因此，非洲現代性可被視為非洲人個體與集體的直接生命經驗。它來自歷史與社會心理學的雙重運動。這個現代性已經存在了，不需要被發明。然而它本身承載著諸多對立矛盾的傾向，總是不斷在協商，因此，重點是理解在共同美好生活的追求裡它所抱持的意識型態再現與想像。

非洲當代性

當我們一開始便把現代性視為一種目的論的概念，思考從起跑點即落入了陷阱。我們將之視為社會進程必然發生的狀況，這是就演化角度而言。況且，對於當前的社會動態，比起思索它們呈現的樣貌、從中提取意義，我們

反而僅僅滿足於，一方面，在非洲社會現實中追捕現代性在場或缺席的跡象；另一方面，將其哲學原則（對新穎的辯護、理性作為社會組織的基礎）以及它提供的制度型態視為定位基準。因此，在必須衡量其中差距的狀態下，我們便注定要活在與他人比較的困境之中，永遠以落後者模式在思考，總是努力追趕並不斷被各種排名提醒要獲得一席之地。換言之，就是陷在好學生情結裡。這種重新建立所謂現代社會組織形式的願望與擁抱其哲學概念的企圖，顯示了最初各種殖民遭遇造成的強迫嫁接。但是它之所以歷久不衰，主因在於西方的夢想贏得了非洲菁英的心，他們著迷於西方的科技成就，渴望複製出跟對方一模一樣的社會整體形式。這種傾向，就如同我們不假思索地重新採用歐洲的歷史分期（古代、中世紀、文藝復興、現代、當代），尤其是與之相關的意義來命名、思考非洲本身的歷史週期。雷米・卜拉葛 [註21] 指出，現代性是任意擺放的游標。所有時代都比前一個時代更現代，而比下一個時代更不現代。內在的、另類的、複多的等各種非洲現代性的說法，只不過是這個模仿欲望的展現，而由於無法複製出

---

21 譯註：雷米・卜拉葛（Rémi Brague, 1947-），法國哲學家，目前研究側重於歷史時序較長的觀念史以及基督教、猶太教與伊斯蘭教之間的比較。

相同的東西，於是自認是個化身。埃梅·塞澤爾（Aimé Césaire）則說他寧願要一座地獄也不要一個荒謬至極且失敗的天堂版本[註22]。

那麼，對於這些類別與概念之外所存在、浮現、生活、滋長、發展的一切，我們該怎麼做？這整個現實因為沒有命名、沒有分類也沒有概念化，像是糊成一鍋的大雜燴。如此沉甸甸的一團卻決定了非洲社會深層的流動，好比我們因其強烈吸引力而探測到的黑洞，即使光沒有照亮它們。對當前現實在命名上的缺乏，某部分解釋了這種術語的模仿。這涉及的是成功地自我表達，尤其是能夠擺脫他者文明的命令來自我思考。命名其當代性，便是將之放入一個計畫裡；賦予它意義，為它指出必須實現的價值，騰出空間，創造出讓這些價值得以實現的環境。非洲當代性便是這個當下的時間，這個非洲人生命經驗的心理連續體，融入其過去並懷想未來，這才是我們要思考的。為了掌握理解所有意義，建立出能夠反映非洲社會當前動態的社會與政治新理論是必要的。

---

[22] Aimé Césaire, *Moi, laminaire*（詩集《我啊，昆布》）, Seuil, 1982.（譯註：塞澤爾〔1913-2008〕出身於加勒比海法屬海外省馬丁尼克，為黑人政治與文化解放運動之先驅。）

在我們看來，多個世界構成的當代性概念 [註23]，對當代非洲社會的描述似乎頗為適切，這些社會的特徵是其政治、社會與文化的蛻變過程，從舊過渡到未完成的新；同一個社會裡有不同時間性與不同知識型的並置，甚至有時在同一個個體裡，亦可讓數個指涉系統共存、協商、衝突或彼此滋養互惠。有些人既活在傳統時代，亦活在所謂的現代與後現代。一個社會裡的文化價值不斷重新被定義，而轉變中的非洲社會便是其文化指涉持續的重新協商，以及這種來自多個世界（橫向）的當代性會有的症狀。這種非洲當代性的挑戰之一，便是在眾多豐富的差異裡成功自我肯定，同時不落入社群主義者封閉的極端狀態 [註24]。

定向演化或文化蛻變

此刻以及即將形成的非洲乃千變萬化。它擁有多重的理性。它沒有讓自身世界的魔法消失。這裡的精神生活

---

23 這個概念借自 Catherine Quiminal, *Gens d'ici, gens d'ailleurs*（此處的人，彼方的人）, Christian Bourgois, 1991.

依然活躍且豐足。它的信仰、音樂、藝術、城市與自己、身體的關係，時間裡的存有都在這裡，見證著日常的自我創造。它將宗教、政治與文化加以綜合。它建立的露天實驗室裡的鍛造爐正全力運轉，並以各個領域拾取收集而來的燃料為補給。然而，它必須為其穩定、繁榮、聲響與影響力奠定永續的基礎。為了加速文化上的蛻變並催生它承載的新穎，其自我形象的再現要以什麼方式來建構？這是個關鍵的問題。穆班布 [註25] 強調這些再現是在原民性與世界主義的交界處鍛造而來的。他肯定正在這片大陸進行的重整工作，非洲正透過分離與重新分配的方式進行整合。在非洲這片土地上，將會迸發出某種豐沛的能量，他如此預言。這是一片遼闊、布滿物質資源與多樣事物的耕地，可以通往一個**無限的宇宙**，充滿延展性、異質混生，多元而寬闊的宇宙。

　　便是這片耕地，得以通往一個無限的宇宙，為了掌握其發展與生產，我們必須透過對非洲社會的規劃思考與

---

[24] Alain Touraine, *Pourrons-nous vivre ensemble ? Égaux et différents*（我們能夠一起生活嗎？平等與差異）, Fayard, 1997 ; *Critique de la modernité*, Fayard, 1992.

[25] Achille Mbembé, *Sortir de la Grande Nuit*（走出長夜）, La Découverte, 2010.

組構來引導其（定向演化式的）演進，這個計畫的宗旨是根據其終極目標完成經濟、社會、文化上的蛻變。而我們必須在非洲產出自身論述的場域：即在文化、宗教、藝術、人口、城市與政治領域裡，辨識標記出這些目標。

　　社會的變化不能只是有機的，還必須自我思考、自我引導，尤其在這片大陸有著多方力量運作而影響其動態，且本身容易受到外在衝擊的情況下。目前其中一個牽涉到諸多衝突的領域，便是如何定義非洲大陸的公共政策與未來市場。社會力量、遊說團體、跨國公司、國際機構、非營利組織、宗教運動、大眾媒體互相對峙。政治經濟，特別是象徵經濟正在重建，其挑戰在於了解由誰來定義非洲未來的公共政策，尤其哪些團體或利益所在會從中得到好處，還有，什麼樣的文化模式會成為主導？在這樣的脈絡下，政治、知識與文化主權的問題至關重要，唯一讓我們得以進行並引導自身選擇的便是這樣的主權。掌握選擇的權力，從正在勾勒的**多元**可能性之中，做出能引領我們航向自己想去的**廣闊前程**的選擇。

　　社會重生的時期是透過社會復原力與某種文化蛻變銜接而來的。明治時期的日本，或者說從廣島與長崎重新站起來的日本，懂得吸收來自西方的技術，發揮推行變革的能力，奠定其現代性與繁榮，同時保留其傳統生命力的核心。此外，對於這樣的計畫，與傳統之間維持一種不受

拘束、經過重新審視的關係，自由、不自我憎恨、盲目崇拜是必要的。非洲這般強大的社會復原力，很大一部分要歸功於它的傳統。非洲人長期以來培養出毅力、勇氣與耐心等價值觀，好面對近代歷史中的各種衝擊。他們採用獨有的方式，塑造出共同生活的價值觀：戲謔關係[註26]、延伸的親屬與家庭觀念、種族間的流動、容納差異的能力、不斷編織和重塑的社會連結……。

　　所有傳統都蘊含著象徵與精神資本，若希望充分實現其潛力，就必須調動並啟用這些資本。為此更是不能把自家傳承丟得一乾二淨。只是我們有必要稍作清理，只留下那些根本的、具有活力與生產力的部分。對傳統關係的重新審視，意味著只要重新理解傳統並加以吸收，即等於替它注入一股再生的能量，這就是我們必須進行選擇、修剪與分類工作的所在。當代性在他處被視為一種拔除，在此卻能被打造成一種有效的銜接與傳統脈動並進。而要具體落實當代性，則需要在制度、經濟與社會上的創新做出努力。這涉及思考社會調節的機制以回應當下的需求，同時替慣有、傳統形式挪出位置，它們已然證明其價值並持

26　譯註：戲謔關係（le cousinage à plaisanterie）指的是在某些族群、團體或個體之間，允許彼此以善意的方式開玩笑，藉由幽默化解衝突而增進情誼。

續在諸如衝突調節、修復式司法[註27]、代表性與合法性如何展現等多元領域有所發揮。關鍵就在於賦予自己一個文明的脈絡而避免未開化的野蠻，後者是對舊有傳統在傳承與實踐上的否定。

非洲大陸可以將本身豐富的文化視為適應轉變的力量，積極動員之以迎向新的社會挑戰。其中最為迫切的在於打造真正的民主文化[註28]，解放這片青春、活力充沛的大陸上的智慧、力量與能量，使之參與打造更美好之集體與個人福祉的工程。為此，它必須重新取回其政治空間的控制權（已然由內而外遭到侵蝕），同時取回各種資源，重新審視其經濟、制度形式，並將之再度嵌入相對的社會

---

27 在盧安達，為了面對審判參與圖西族種族滅絕數萬計的人這樣的挑戰，他們重新啟用一種傳統形式的修復式司法──Gacaca，證明了這種審判方式的價值及有效性。（譯註：Gacaca是一種柔軟的草，傳統上Gacaca法庭是一種在草地上進行的露天法庭，原本為村落用以解決家庭、鄰居糾紛的一種司法型態。）

28 非洲當代社會在幾十年來已加速產出其當代共同生活的形式。早在阿拉伯之春前，1990年代即見證了撒哈拉以南非洲民主深化進程的加速，非洲民間社會發起全國會議、各種政治討論：爭取制定多黨制憲法、任期限制；家庭法中婦女權日益獲得承認等等。對於民主的渴望一如對城市事務的全民參與普遍在非洲人民心中紮根，就像一份非洲評量調查表所顯示的結果，這份調查是針對非洲三十五個國家，詢問個人對政治治理模式的偏好與對民主的理解等問題而來。

文化裡。

　　為了讓改造工程順利進行，有兩種資源是不可或缺的：自主與屬於自己的時間。前者讓我們得以實現其選擇：花時間分類、實驗、仔細挑選來自不同花園的花朵，嗅聞其芬芳並不疾不徐地運用技巧做出花束。後者是拒絕外在強加的節奏，藉由建立自己的時間好好將實驗完成。這是鍛造的時間，是金屬在高溫下融化形成合金所需的時間。同樣地，它意味著拒絕賽跑，沒有要趕上誰，有的話也是為了趕上一個更好的自己。為了達到這個目的，在必要的時候要排除所有會使我們偏離主軸的影響，包含那些無聲的施壓。總之，這是重新將自己放回自己的中心，留給自己時間讓實驗得以貫徹的一種意志。所有偉大的文明都懂得在某個時刻實現自主，選擇他們要與世界其他地方建立何種性質的關係，決定要用多長的時間使他們的幼苗成長茁壯，還有做好準備以迎向開放與幸福和諧的結合。

經濟

問 題

非洲大陸經濟問題如何被看待，反映出一般對非洲的論述形式。其中大多數都是透過比較模式，尤其是差距上的比較來分析這個問題。當人們試圖去了解非洲國家經濟成長的決定性因素，會探詢其經濟缺乏成長的原因，尤其是跟所謂已開發國家在經濟水準上的差異[註1]。第二個特徵則是短期分析，或更精確地說，我會稱之波谷思維。某些經濟史學文獻只從1960年代非洲獨立潮開始思考非洲大陸，偶爾追溯到殖民時期，而大西洋奴隸貿易就是年代最久遠的範圍了，事物在迷霧裡佚失。除了作為基準點所挑選的特定時刻之外，其經濟史是不存在的。然而，一

1　某些研究非洲大陸的經濟學家如柯利爾（Paul Collier）、伊斯特利（William Easterly）、萊文（Ross Levine），聚焦於解釋非洲在經濟成長上的挫敗，或是非洲少了幾十年的成長的原因。他們以表現最差的1980年代為基準，得出的結論是其中謎霧重重需要釐清。杰文（Morten Jerven）指出，非洲大陸至少必須有將近兩個十年的成長，才會讓他們開始重新調整關於這些國家在成長上的論述。相較於實際的經驗數據，他們使用的這些隱喻（「失去幾十年的成長、底層的十億人口、貧窮的陷阱」）的殺傷力，對輿論、甚至有時是對學術界觀點所造成的影響更大。當坦尚尼亞的每戶平均所得從五百美元翻倍成一千美元，他們感興趣的不是引發這種成長的決定性因素，而是把這份數據拿來跟同時期每戶平均所得為兩萬美元的日本做比較（Acemoglu et Robinson, 2012）。有關這方面更深入的討論，可參照Morten Jerven, *Africa, why Economists Get it Wrong*, Zed Books Limited, 2015.

段非洲大陸較長期的經濟史能呈現出複雜的軌跡,讓我們得以從更長遠的視角重新定位那些被簡化的事實。

地理、農業和人口統計學

地理是經濟的重要決定性因素之一。它左右著施作的農業類型、自然資源與可用礦產,生態棲位、人類與產業的流通模式、生產或採用的技術。不過它並不具有絕對的決定性,人類知道如何在險惡的地理環境中挑出最好的部分,但反過來說,有時卻鮮少善用有利的區域。

非洲大陸面積有三千萬平方公里,由五十四個國家組成。這片土地容納得下美國、中國、印度和西歐部分地區。它擁有大概十億人口,2.6% 的人口成長率,半個世紀後,它將成為全球人口最多的大陸,擁有二十二億居民,占世界人口的四分之一。 非洲大陸占據地球四分之一的陸地面積,有 60% 未利用的耕地,全世界有三分之一的自然資源都在這裡。它擁有豐富的礦產與能源資源而九成尚未被開發。它的都市化程度持續提升著,相較於二十世紀初有 95% 的人口住在鄉村,如今大約有 45% 的人口集中在城市。2000 年以來,其經濟成長率均維持在 5% 以

上[註2]。2008至2013年間，世界成長率最高的國家裡就有好幾個非洲國家躋身其中（獅子山共和國9.4%，盧安達8.4%，衣索比亞8.4%，迦納8.11%，莫三比克7.25%）。

非洲人曾經不得不面對複雜的地理環境：這是一塊古老的大陸，中心為廣大歷經交錯侵蝕而成的結晶岩高原，海拔通常超過兩千公尺，整塊大陸主要由古生代底岩及分布其中的斷層陷落帶（東非大裂谷）所組成。其北端和南端為地中海型氣候；從赤道開始，熱帶雨林逐漸被莽原和沙漠所取代。非洲農民懂得因應不同氣候條件採取合適的農耕技術：在高原上混養作物自給自足，視情況栽種能適應當地環境的穀物、根莖類或豆科植物[註3]；透過休耕與燒墾來恢復土壤沃度，村莊則週期性遷徙以取得新的土地[註4]。他們懂得創造靈活的耕作系統，採取適合其環

---

2 以購買力平價為基礎來計算，非洲的GDP占全球GDP的4.5%，相當於兩千兩百億美元。

3 玉米和木薯都是美洲的作物，其熱量高於小米和高粱。十六世紀由葡萄牙人引進後，非洲農民隨之栽種並擴散到整個大陸。

4 除了尼羅河谷地以及有著肥沃火山土壤的零星地區以外，非洲的土地都很貧脊。在與薩赫爾交界的莽原，雨季持續四個月，人們會在那裡種植小米和高粱。赤道地區雖然雨量豐沛，但是逕流造成嚴重的土壤沖蝕並帶走礦物鹽而使土地變得貧脊。Catherine Coquery-Vidrovitch, *Petite histoire de l'Afrique*（非洲簡史），La Découverte, 2011.

境條件的創新技術[註5]。

一點歷史……

西元前146年,在羅馬與迦太基第三次布匿戰爭結束後,羅馬人占領了北非。其非洲領土包括迦太基(今突尼西亞),以及相當於現在利比亞西部的東努米底亞、的黎波里塔尼亞和拜札塞那。他們將地中海沿岸這片肥沃的區域變成羅馬帝國的糧倉,養活他們當時持續增長的人口。

他們根據住在當地某個名為 *Afri* 的柏柏爾部落,將這些沿岸省分命名為 Africa。阿拉伯人在西元七世紀入侵北非後,將之阿拉伯化為 *Ifriqiya*,用以指稱非洲北部沿岸的這個區域。要等到十五世紀,歐洲航海探險家為了尋找通往西非金礦的海上航線而沿著這片大陸的大西洋沿岸探察,*Afrique* 才成為整個大陸的通稱。

---

5 在非洲農業生產模式中,有些技術上的革新出現得較晚。掌握煉鐵技術使他們得以做出鋤頭。至於輪子,雖然尼羅河谷地早已採用,但在其他地區卻晚得多。輪子並非不可或缺的原因在於,其土地廣闊且人口密度低,生產與消費可以得到平衡。

非洲大陸一直以來都與財富的想像脫離不了關係。《聖經》提到俄斐（Ophir）是黃金、寶石與檀香的產地。而關於示巴女王的那則傳奇篇章，提到她的王國很可能位於索馬利亞一帶，西元前十世紀她那場耶路撒冷之旅，給所羅門王帶了無數奢華眩目的禮物，引起無限想像，甚至使得數千年後（三千年），歐洲冒險家開始尋找這片大陸上的黃金之地[註6]。葡萄牙人對非洲及其金礦的興趣，則是被馬利帝國的曼薩（意指皇帝）坎庫·穆薩（Kankan Moussa）的麥加之旅激發的，1324年他在開羅停留期間，捐獻了大量黃金，導致那個地區乃至君士坦丁堡（今伊斯坦堡）的黃金行情下跌了十年之久。直到今天，穆薩仍被認為是世界上最富有的人。

　　非洲自古以來即是商業與文化交流之地。非洲人除了跟自己人也跟其他民族進行交易。穿越撒哈拉沙漠與整個非洲的商路、獨木舟和各種交通線路使得鹽、鐵、銅、奴隸和黃金得以流通買賣，且範圍擴及印度洋、美索不達米亞與黎凡特。不管是尼羅河谷地、辛巴威或西非等區域，富饒奢華的城市紛紛在非洲大陸成形。埃及早在西元前三千年前就已經掌握了煉銅技術，而西元前七世紀在諾

---

[6] Martin Meredith, *The Fortunes of Africa*, Simon & Schuster, 2014.

克、伊費[註7]等諸多地方則出現煉鐵技術。不同的文明興起,王國接連誕生、消亡。大城市與牧羊人和游牧者的小村落毗鄰,社會、政治與文化的變化依照各自擁有的動力輪轉。作戰與整合能力是判斷這些社會的標準。經濟制度的目標則是確保個體的生存,並根據社會關係來組織生產與物資的流通,經濟與社會嵌合緊密。

在那個年代,人們既不討論經濟成長也不在乎貿易平衡。歷史被視為一種週期或悲劇,有著高峰與谷底。而且放眼世界差不多都是如此,中華文明、歐洲中世紀不會記錄每年創造的財富及其變化。在人類歷史上,將經濟成長視為一種引導與反映社會演進的概念是近代才有的,可以追溯到歐洲的工業革命。社會(知識與財富)持續進步的可能性一說出現在古今之爭結束後的十七世紀。後來,經濟成長則成為其中一種表現。

而謬誤的發生,就是以出現在十七到十八世紀歐洲的觀念,來解讀非洲大陸的經濟與社會生活。非洲社會在那個時代的冒險驅動力是基於這種渴望:透過占領土地、掌握糧食生產並戰勝自然威脅來建立起永續的社會。

---

7 譯註:諾克(Nok)與伊費(Ifé)位於今奈及利亞。

人口與大西洋奴隸貿易

為了增加男性與女性人口數量而奮鬥,因此成為非洲歷史一個主要的特徵[註8]。十六世紀時,非洲在人口上占有優勢。當時非洲約一億人口,相當於全世界人口的20%。到了十九世紀末,卻只占全世界人口的9%。奴隸貿易在兩個世紀裡大幅中斷西非人口的成長。根據最保守的估計,約有一千一百零六萬一千八百人從非洲被強行押送到大西洋另一頭[註9]。若從最大膽的數字來看,被運走的約有兩千四百萬人,而有兩億人則在俘虜、運送,或因奴隸貿易造成的戰爭、襲擊而死亡。非洲人口成長在十八世紀停滯下來,那時正是搶奪奴隸的高峰期。若要更精準評估跨大西洋人口販賣在人口流失上造成的損失,僅從當時的非洲人口數量減去被押送至海外的人數是不夠的。我們必須將十八世紀非洲人口的成長與倘若未發生大西洋奴隸貿易的情況加以比較。曼寧(Patrick Manning)[註10]根

---

[8] John Iliffe, *op. cit.*, p. 275.

[9] William & Mary Quarterly, *The Volume and the Structure of Transatlantic Slave Trade : a Reassessment*, 3rd séries, 58, 2001, p. 44.

[10] Patrick Manning, *Slavery and African Life*, Cambridge university Press,

據人口成長模型，估計在沒有奴隸貿易的情況下，撒哈拉以南非洲的人口在 1850 年應該可達到一億。但當時非洲人口只有五千萬，反觀中國人口於十八世紀翻倍成長，而歐洲人口成長經過十七世紀的停滯後再度恢復，這對其工業革命可是至關重要。但是從 1600 到 1900 年，非洲人口在全世界人口（歐洲、非洲、中東與新世界）的占比卻從 30% 跌至 10%。

大西洋奴隸貿易的迫害同時讓非洲暴露在新疾病的威脅之下：歐洲人帶來了肺結核、細菌性肺炎、天花和梅毒。撒哈拉以南非洲長期以來都沒有瘟疫。但是在十七世紀，瘟疫肆虐重創剛果（今安哥拉），並在 1744 年左右衝擊塞內加爾和幾內亞沿岸。這些疾病在殖民時期與二次大戰後又捲土重來，但是這次非洲人有了較充足的準備做出較好的應對。除此之外，還要算上變幻莫測的氣候帶來的風險。非洲歷經漫長的乾旱週期，當中雖有短暫的寧靜，卻交錯著傳染病與動物流行病（牛瘟）。倘若沒有大西洋奴隸貿易，非洲將會是什麼模樣？只不過，這種反事實條件永遠不可能成立。

1983.（譯註：曼寧〔1941-〕為美國歷史學家，專長領域為非洲經濟史、非洲奴隸貿易史、世界史等。）

現況的根源

　　大西洋奴隸貿易（強行押送）與殖民主義都是搶奪財富與人力、破壞社會、扭曲制度、文化侵蝕、異化、導致在其統治的社會烙下不太正常的發展軌跡的同義詞。根據萬西納（Jan Vansina）的研究[註11]，1876至1920年間，輾轉成為比利時剛果的區域，因為歐洲人的掠奪而導致該區將近一半人口覆滅。經過長期否認或淡化殖民主義對非洲獨立國家經濟軌跡的影響之後，經濟領域在2000年代出現大量文獻[註12]（阿傑姆奧盧、羅賓森等人），揭示了殖民主義對過去遭到統治的國家在發展與成長上帶來的負面影響。殖民的遺存——衡量宗主國經濟滲透的程度，被殖民國獨立後對宗主國的依賴與制度的相似程度——

---

[11] Jan Vansina, *Les Anciens Royaumes de la savane, les États des savanes méridionales de l'Afrique centrale, des origines à l'occupation coloniale*（莽原上的古王國，中非南部莽原諸國，從起源到殖民占領）, 2e édition, Presses universitaires du Zaïre, Kinshasa, 1976. p. 183.

[12] D. Acemoglu, S. Johnson et J. A. Robinson, « The Colonial Origins of Comparative Development : An Empirical Investigation », *American Economic Review*, 2001, 91(5), p. 1369-1401 ; D. Acemoglu, S. Johnson et J. A. Robinson : « Why Africa is poor ? », *Economic History of Developing Regions*, 2010, 25(1), p. 21-50.

是解釋非洲國家經濟表現不佳的一個因素。制度經濟學在大量文獻佐證下指出這樣的事實：制度會影響一個國家經濟與社會的進步。不良制度會導致國家陷入生產不足的狀態，使得財富生產的水準隨之低落。

殖民國在他們的殖民地建立了以宗主國為參照的政治體制。西班牙將保障貴族的封建制度移植到拉丁美洲；英國呢，帶來政治上的分權制度與利於競爭的財產權；法國則傾向壟斷制度，對於新穎金融型態的保護偏低。殖民在破壞生產要素累積的過程中對被殖民國的發展帶來負面影響（經濟與制度的扭曲）。根據阿卜杜拉・祖阿許（Abdallah Zouache）的看法，其中葡萄牙、比利時與法國的殖民模式禍害最大[註13]。

每個國家的經濟表現決定因素各式各樣。除了資本、自然資源等生產要素之外，地理、人力、技術與歷史也要納入考量。關於最後這一項，重點在於評估歷史的衝擊透過何種管道與機制傳播。因此，非洲國家的經濟表現，某種程度上與它們獨立之後舊有宗主國遺留的原初條件有關，在非洲大陸近期的經濟史裡，這些條件主要導致

---

[13] Abdallah Zouache, « De la question coloniale chez les anciens et néo-institutionnalistes »（論舊與新制度主義者的殖民問題）, *Revue d'économie politique* 124 (1), janvier-février, 2014.

經濟結構瓦解（特別是過往的生產模式）、陷入對前宗主國的依賴、建立起貿易經濟與開採經濟，外向型經濟的產業結構相當脆弱，缺乏多樣化，尤其以原物料出口為主的型態，容易受到價格波動的影響。

　　經濟表現不佳的第二個原因，是獨立後這些年輕非洲國家的當權者經濟管理不善，他們大部分都做出錯誤的經濟選擇[註14]；無論在國際經濟競爭（國際貿易規則）或經濟政策的策略選擇上（在選擇上缺乏自主權：結構性的調整方案、華盛頓共識與後共識時期、千禧年發展目標……），權力關係無論在過去或現在對非洲國家都不利。總之，內在與外在動力不健全的結合，導致非洲大陸的經濟表現遠低於它的經濟潛力。

遲滯現象與韌性

　　非洲國家社會經濟結構持續在衝擊下受到影響，這個問題相當關鍵。通常聲稱負責並帶有些許自我鞭笞意味

14　不適當的工業化模式、錯誤的長期結構性與短期政策、無力支撐的債務、經濟結構缺乏多樣性、首要專業選擇不當、公共財政管理不善。

的論述,會試圖堅決否認大西洋奴隸貿易與殖民主義在非洲國家當今發展軌跡上造成的後果,他們呼籲責任要自己承擔,尤其要接受獨立後治理不善帶來的失敗,停止藉由援引昔日、控訴他者來為自己的失敗辯護。這些確實都有道理,然而也只是部分有理。

　　管理獨立後接收的資源、制度及各種條件,這些都是當權者的責任。他們有義務去改變這一切。然而他們大部分因為在經濟與政治上做出錯誤選擇而失敗,有些則為了自身部族的利益去掠奪國家的財富,白白浪費了打造堅實基礎以促進國家繁榮的寶貴時間。不過,歷史遺留的原初條件、社會軌跡裡既存的不健全動力是承襲而來,不能算在他們頭上。將事情簡化到極致、拒絕承認那些歷史動力對非洲人民未來造成的影響,這是一種無知,或說是理智上的惡意。長達四個世紀的大西洋奴隸貿易與一個世紀的殖民,這些重大衝擊在人口、經濟、政治、文化與社會各方面都帶來慘痛的後果,讓整座機器齒輪陷入沙中動彈不得,並使得撒哈拉以南非洲蒙受巨大的損失。這些衝擊的效應到現在還留著。經濟學家所謂的遲滯,指的是衝擊效應殘留的程度。我們在此要討論的其中一個問題便是評估這個部分,並衡量非洲對原初條件的依賴等級。經過那段歷史週期,各國獨立之後殘存的原初條件是否有利於政治的穩定與經濟起飛?答案是否定的。尤其在承受衝擊

之餘，還加上了這些效應殘留的原因：前宗主國表面上承認其獨立，實則用以換取政治、經濟與文化依賴體系的長存，以便繼續把持對非洲大陸各種資源的控制。這些對資源的掠奪至今仍未斷根：失衡的自然資源開發合約、不平等交換、相當於外商直接投資（FDI）與政府開發援助（ODA）的非法資本從非洲流出[註15]、前殖民列強對某些國家的經濟再殖民（象牙海岸、塞內加爾、加彭等），透過其大型集團（Bolloré、Total、Eiffage、Areva等）控管主要的私營生產部門與撒哈拉以南非洲國家的商業銀行。除此之外，來自中國的經濟滲透亦損害了非洲大陸：他們提供一些基礎設施以換取對自然資源的掠奪與土地殖民化。

　　回顧這些顯而易見的事實，並不意味著宿命論，也不是拒絕面對自身的責任。指出非洲大陸目前經濟困難的部分原因，就在於這些**被簡化的事實**，亦不表示要掩蓋獨立後治理不善的責任與非洲領導人的錯誤選擇。反之，這涉及呈現出一個現象的歷史厚度與複雜度；著手進行精確的臨床檢查，將諸多病因分門別類，評估其相對重要性，並從中辨識持續存在的有哪些。明確檢查病因是找出解藥與療癒的先決條件。這項工作完成後，最迫切的問題便

15　參見Leonce Ndikumana et James K. Boye, *La Dette odieuse de l'Afrique*（非洲的惡債）, Amalion, 2013.

是韌性與回彈的能力。我們要關注的便是這一點：思考再生的條件。非洲人民在其歷史長河裡，已然展現出面對挑戰時的強大韌性與毅力。人口活力在短短一個世紀裡便恢復，即證明了這樣的能量。沒有任何動態系統能回到它的原本狀態。社會也是如此。然而，他們卻能找回平衡，朝著將生存與成長機會最大化的狀態發展。

我們必須重新找回來的就是這種動態平衡。此外，原初條件不表示命定的必然。社會這種複雜的動態系統具有殊途同歸（équifinalité）的特質，它們可以從不同的原初條件出發而抵達相同的目的。為此，人口、經濟、制度與心理上都必須具備相當的韌性。

就人口層面而言，這片大陸正在重新找回他們在十六世紀初的優勢。到2050年，其人口將會占世界人口的四分之一。一個世紀以前，它有著一億人口，其中95%生活在鄉村地區。一個世紀後，它擁有十億人口，而45%都住在都市。在2050年，它將會有二十二億人口，而其中60%會居住在城市。非洲人口的爆炸性成長從1950年才開始，但五十年內即增長了十倍。等到2050年，占全球有效勞動力最大份額的將會是非洲。而要將這種人口紅利轉換為生產資源，就得解決人力資本方面的挑戰。

至於發揮經濟韌性就比較棘手了。它需要脫離殖民時期繼承的生產與累積模式。不過這並非不可能，況且已

有其他國家成功轉型。當今這片大陸大部分的成長經濟體來自石油或礦業出口[註16]。非洲經濟成長主要奠基於能源開採工業與服務業。不過，就算這些產業能帶來些許外匯收益，還是必須結束這類飛地與開採經濟。這些經濟模式無法為國家帶來全面性的發展，它們會製造環境與社會問題，延續貪腐，並導致跨期選擇與資源分配產生偏差。

非洲領導人經常面臨一個棘手的問題，即在迫切需要外匯來平衡其公共財政的狀況下，如何運用大自然給予的資源與財富。短期獲利在其策略選項中經常是首選，因為它可以立即影響國家稅收與必須面對各種需求的財政資源，況且每一種需求都有其急迫性。這些需求導致他們處理從地底開採的財富時，接受完全失衡且不公平的分配機制，跨國公司以技術轉讓為藉口，或聲稱資源只能透過這種方式增值，拿走了最大的份額。然而實際上，唯有選擇長期投資才能改變經濟結構，讓經濟得以在平衡的方式下永續成長。在此，我們的挑戰是脫離急迫性的操控，不要將這片大陸蘊含的富饒與各種資源廉價出售，尤其像是碳氫化合物，這種資源無法再生而它在一個世紀內將會耗盡。

[16] Sylvie Brunel, *L'Afrique est-elle si bien partie？*（非洲的起步真有那麼順利嗎？）, Sciences humaines Editions, 2014.

公民對政府所簽署的礦業合約,以及從中獲得的收益如何運用的查核,是解決這個問題的要素之一。只是最終關鍵在於非洲政治人物必須具備更好的跨代意識,且行動決策要基於長期考量。我們可以設想透過某些制度機制,將國家自然資源的管理權委託給不受選舉週期和現有政權左右的獨立機構。除了這些問題之外,還要考量糧食安全,這個問題讓非洲耕地成為他人覬覦的新目標。為了因應全球對農業生產上的需求,外國跨國公司已與各國政府串通,展開了對土地的侵占。

　　在這個層面,一樣有著必須正面迎戰的跨期選擇、政治與經濟主權的問題,其主要責任落在政治人物頭上。而非洲民間社會若更能意識到這些挑戰,是會有幫助的。

鞏固美好轉機

　　近期非洲許多國家於經濟成長上的進步顯示出情勢正在好轉[註17]。針對這個狀況做出綜合評估與判斷的文獻

17　在十個成長率為二位數的國家裡,有八個都是非洲國家。

大量出現。其結論有部分是精準的。那些提倡各種解決方案以加速非洲國家的成長動力，使之更強大、更持久且更具包容力的論述也是正確的，而對某些問題（不是全部）應採取何種適當處理方式亦有共識。為了讓經濟成長的回歸轉化成人民生活品質的改善，我們需要強而有力的公共政策，投資社會經濟根本的基礎設施，擬定著眼於經濟結構性轉型的策略選擇。接受非洲大陸的經濟挑戰，透過保障其應有的生活條件來適當地回應人民的基本需求，這些必不可少。為了達到這樣的目標，必須要妥善運用其生產力，將自然資源與人力資本轉化為財富，將之公平分配並藉由提高人民生活水準，釋出必要盈餘來資助基本社會心理功能的運作，也就是從心理學角度確保個體幸福安康及其文明典範，來促成社會品質的轉變。

　　大部分的經濟學家一致認為增加對人力資本（教育與健康）、基礎設施的投資是必要的，經濟多樣化、解決糧食安全相關問題、透過技術創新來改善總要素生產率亦然，此外還要進一步運用奠基於自身生產要素的比較優勢，以及提高其制度與經濟治理的品質。盧安達、肯亞、維德角、迦納、衣索比亞、波札那、烏干達、模里西斯等國家執行了上述某些解決方案，他們的經濟成長在過去這十年裡取得卓越的表現。然而我們必須鞏固這些美好的轉機，將這些模式中可複製的部分輸出到其他非洲國家，深

化根本而具有決斷性的選擇,從結構上改變經濟,加強對人力資本的投資,更重要的是調度文化動力將之運用於經濟領域;這些能量在很大程度上都沒被充分開發,而它們可以扮演槓桿的角色。

從文化底蘊思考非洲經濟

過去這半個世紀以來,非洲大陸推行的經濟模式有個主要特徵,即其根源都是外來的。它們並不是內部經濟生產或實踐的結果。這便解釋了經濟體系的二元性,其特點為所謂的正規經濟與根植於社會文化的大眾經濟兩者並存,後者雖名為非正規經濟,但是保障了大多數非洲人口的生計,而且貢獻了大部分的國內生產毛額(撒哈拉以南非洲的54.2 %[註18])。在針對非洲經濟體的分析上,有一個未被充分重視的關鍵問題,即這些經濟體與它們各自

---

[18] J. Charmes, «The contribution of informal sector to GDP in Developing Countries : Assessment, Estimates, Methods, Orientations for the future», *OECD EUROSTAT*, State Statistical Committee of the Russian Federation, Non-Observed Economy Workshop, Sochi (Russia), 16, 20 October 2000, 14 p.

社會文化的連結。從理論的角度來看，我們不能單純以這些保障非洲人生存的經濟實踐屬於非正規經濟的範疇為理由，就繼續忽視其存在的必要，因為非正規經濟恰恰與非洲人從自身文化建構而來的經濟有關。

在非洲傳統社會裡 [註19]，經濟被納入一個更廣大的社會體系之中。當然它履行著慣有的功能（生存、資源分配等等），但是它更從屬於社會、文化與文明的目標。而在當代社會裡，情況已然不同，經濟秩序傾向成為一種霸權，超出它原有的自然空間並試圖將其意義與邏輯強加在人類生存的各個面向裡 [註20]。文化對於感知、態度、消費習慣、投資與儲蓄、個人與集體選擇有所影響，它仍是經濟行為的主要決定因素。而在人類群體中，想像是社會關係的構成元素，包括最實質的部分。經濟行為首先是一種社會關係。想像與象徵決定了它的生產。文化因素因而影響著經濟表現。

這裡我們要捍衛的第一個想法是，經濟體系的效率

---

19 該分析範圍僅限於撒哈拉以南傳統社會。
20 經濟學已經成為在整體社會中沒有意識到自己的位置（失範）的一門學科，它已超出其自然空間，並藉由強加其意義與利益邏輯（對自然、空間、公共財產的剝奪式占有，透過雇傭勞動改變社會關係），而入侵社會關係總體。

與它適應文化脈絡的程度緊密連結。非洲經濟若能透過它們真正的引擎來運作便能起飛。第二個想法是，論及非洲經濟體系的效率，我們不能只針對它能否與非洲文化嵌合得更好的層面來思考。而更需要在非洲這個脈絡下，在所謂文明的意圖下，對文化與經濟這兩大秩序的銜接進行提問；也就是說，這種銜接能讓我們達到個人與團體認為的**最佳**[註21]目標。為此，思考社會計畫時必須考量其整體性，分析它與週遭環境多重的相互關係。也就是那些保障生存條件的活動（經濟、生態），與旨在促進生存意義本身的活動（文化、哲學、目標等級）的交互作用。所以，這意味著去思考在社會動力中要賦予經濟秩序什麼位置。同樣地，我們的假設是在經濟與文化秩序的銜接裡，避免混淆它們個別的目的，而讓社會計畫更嚴密周全。

經濟與文化：交互作用與相互決定

經濟與文化是個人與集體行動裡強而有力的兩大決

---

21 個體與群體所重視的那些。

定因素。經濟是一種效率的秩序，以資源分配最佳化為導向。它同時像是一門學科，成為思考人類行動理論及其構成基礎的一個空間。人類學家將文化定義為具有實踐與價值、物質與精神等可區隔之特徵的整體，可用以辨識出特定的社會。文化是個多義的概念[註22]，用在形形色色的意義裡。文化亦涵蓋了所有需要創造力的精神產物，這些作品都跟心靈培育、生產與象徵意義的交流（藝術文化、科學、文學、各種藝術型態，生活藝術與體驗時間的方式）有關。基於這樣的事實，文化是個恆久存在的創造空間，一種全方位掌握與探索現實的方式；它是個移動的客體，不斷重新被定義。它具備成果與過程的雙重維度。儘管它可以做為價值創造的場域，但其目的首先是象徵性的，主要屬於概念及意義的生產。

---

22 A. Kroeber, C. Kluckhohn and W. Untereiner, *Culture : a critical Review of Concepts and Definitions*, Vintage Books, 1952. 克魯伯（Alfred Louis Kroeber）與克魯克霍恩（Clyde Kluckhohn）已清查過超過一百六十四種文化定義。根據泰勒（Edward Burnett Tylor）的說法：「文化或是文明這個詞彙，從最廣義的民族誌意義而言，指的是所有複合的整體，包括科學、信仰、藝術、道德、法律、習俗與其他人類在社會狀態中獲得的能力與習慣。」

經濟選擇的文化基礎

個體做出決定的過程中會受到其文化環境極大的影響，這個環境左右了他的偏好並規範其行為。食、衣、住等基本需求的滿足所帶出的選擇不會只聽從既有替代方案的支配，也就是我們不會只根據商品與服務的供應量來滿足需求。由社會慣例、宗教信仰（飲食限制、衣著符碼）、烹飪文化、審美觀念、倫理約束所構成的個體文化基質，其功能是形塑個體欲望（需求）、創造出使之滿足的情勢（時間性、地點）。需求獲得滿足的時間性，甚至是從需求到欲望的轉變，換言之就是牽涉到工作與時間介入才得以滿足的需求，是受到文化左右的。此外，所謂基本需求的結構是變動的，某些需求儘管從文化層面而來（電視、香菸、行動電話、網路、文化需求、娛樂），對個人來說卻跟基本需求相差無幾。

經濟人類學指出儲蓄、投資和累積的行為，以及主導某些消費模式的邏輯或理性，都是由文化決定的。赫斯科維茨（Melville Herskovits）[註23] 強調，跟我們預期的不

---

[23] Melville Herskovits, *Economic Anthropology*, Alfred A. Knopf, 1952.

同，某些西非民族（約魯巴人）在旱季尾聲和雨季開始之間，會慷慨、奢侈地揮霍儲備的糧食，而不是節省存糧好應對青黃不接的時期。不過，我們不能將之歸咎於這些群體缺乏遠見，他們這種行為比較是受到文化上的考量所支配：重視各種儀式相關的支出、具有炫耀意味及展現聲譽的花費，而且認為消費行為的意義高於進食及攝取身體勞動必須卡路里的生理需求。我們在黃金海岸（今迦納）的塔倫西人身上也觀察到同樣的現象，他們明明充分掌握儲備糧食的技術，然而當地食物供應量最低的時候，卻是田間耕作活動量最大（五月到六月）而熱量需求最高的時候。對於祖魯、阿散蒂、巴魯巴、布干達等群體，聲譽經濟在維持個人社會地位上同樣扮演著重要的角色。根據習俗，即使他們私底下吃的品質較差，也要為客人提供品質好的食物。

　　只要留意家庭與個人的預算分析與資源分配，比如以奈及利亞西部的伊博族家庭為例，我們會發現，分配給象徵資產（用於宗教目的、葬禮的支出）的總額都比分配給有形物品的金額來得多。當然其中有某種滿足營養需求與個人喜好的普遍消費傾向，但是對伊博族來說，宗教和社會的責任義務對群體生活的重要性就跟食物之於身體一樣。

　　同樣地，每個家庭的經濟管理概念各有千秋並非偶

然，而是對時間、工作、休閒、社會與宗教責任的評價方式不同所致。後面提到的這些與可運用的資源多寡有關，亦呈現出群體的生產力與生活水準。

前述的思考著重在傳統社會，其社會與行為結構都呈現一種穩定性與持久性，因而容許這樣的分析。我們可以從中區分出兩個明顯的主要特徵：當然，功利主義式的消費是有的，但更重要的是物質商品的象徵性消費，以及根植於傳統群體文化基礎的一種共享心理與實踐。個人屬於某個群體，屬於某個隨著歷史建構而來的社會組織。在很大的程度上，奠基在群體文化上的社會互動解釋了個人的選擇。

經濟作為文化過程

經濟學作為一門科學與知識領域，可說是某種所謂文化進程帶來的結果。經濟學領域由不同的思想流派組成，而這些流派則藉由形塑其實踐與信仰的整體彼此區隔。正如共同的價值觀形成某個群體的文化認同基礎，在經濟學的知識論述領域，我們可以將馬克思主義、凱因斯主義、新古典主義、新制度主義等思想流派的融合詮釋為

種種文化進程[註24]。此外，文化對經濟學家在思想上的衝擊相當顯著。他們原先承襲或後來取得的文化價值觀對其感知與態度影響深遠，只是往往不被重視。因此，經濟學家承襲的文化預設會左右他們如何詮釋自身觀察的經濟現實，當這個現實來自與他們不同的環境時更是如此[註25]。經濟的文化背景關乎社會組織也關乎思想體系。因此，主流經濟思想顯然傳遞著一種文化、一種世界觀與一種獨特的人（*homo economicus*：經濟人）的看法。文化考量故而會影響經濟學家在其領域的實踐與操作方式、如何提出假設、建構模型以探討行為者之間的互動。經濟思想發展的是一套它想捍衛、提倡的信仰與價值。

藉由分析經濟概念被生產、討論、證實與傳播的方法，索羅斯比[註26]指出它們屬於傅柯所分析的話語的秩序。研究界之所以接受這些方法比較是基於合法性與智力說服過程，而不是基於被觀察之現實的忠實詮釋[註27]。在這樣

---

[24] David Throsby, *Economics and Culture*, Cambridge university Press, 2001.

[25] Dudley Seers, «The limitations of the special case», *Bulletin of the Oxford University Institute of Economics & Statistics*, vol. 25, 1963, p. 77-98. 達德利‧西爾斯從歷史與經驗事實為出發點，對主流經濟學聲稱的普遍有效性提出質疑。

[26] David Throsby, *op. cit.*

[27] 競爭市場的效率，就它們處於純粹、完美且平衡的競爭狀態這個事實

的脈絡下，經濟話語如同一種語言般運作著，確保了共通象徵符碼的建立，而述說、思考、體驗群體真實的方式則藉此得以發展。經濟話語定義了事實與概念之間的連結，區隔出必要與次要，從現實中挑選材料以便組裝。這種語言不是中立的，因為它操作著一種空間與時間獨特的構成，選擇揭示某些面向，而任由其他部分留在暗處，建立起價值的特定等級，塑造出思維──也就是行動的模式。

事物的價值

從經濟思想在社會體（corps social）裡頭傳播並促進實踐和行動方式的這層意義而言，經濟思想是文化的生產者。它還將自身的評估標準投射到所有人類活動之中，包括那些主要功能與市場交易循環無關的活動。經濟與文化作為人類思考與行動的空間，向來涉及到事物的「價值」問題。而對商品價值做出適當評估則是經濟的核心。自十八世紀以來，已有各種關於商品價值的不同概念流通

而言，呈現的比較是對某種範式的信仰，而不是對一種現實的觀察──在這種觀察裡，觀察者的位置影響著他們如何感知觀察到的現象。

著,並因為彼此理論上的衝突而爭辯不休[註28]。

經濟範式內部關於價值的爭論,將價值與效用的概念或是個人和市場賦予商品的價格連結起來。這裡涉及到量化那些被納入經濟循環的商品之價值。在文化領域,價值牽涉到某些物件或文化現象的內在屬性,可表現為一件作品(文學名著、雕塑、繪畫、音樂片段)或是一種體驗的品質。價值是種社會建構,無法脫離其生產脈絡來評估。通常,其概念會與一個物件或一件作品獨特的面向連結在一起,它們運載著意義故而超越其實際效用或物質性。理查・波納(Richard Bona)[註29]的音樂、阿伊・奎伊・阿瑪(Ayi Kweyi Armah)或是布卡巴爾・鮑里斯・迪奧普(Boubacar Boris Diop)的小說,這些作品的優異來自作品詮釋、傳達的存在經驗面向與獨特敏感性。阿多諾和霍克海默[註30]以及漢娜・鄂蘭[註31]指出,當我們把經濟

---

28 早在十七世紀,亞當・斯密便對商品的使用價值與交換價值做出區隔。十九世紀的經濟學家(李嘉圖、馬克思)則根據商品製造成本來衡量其價值:生產必須投入的成本,或是完工必須的勞動力。從邊際革命開始,價格被視為市場協調經濟體系中參與者對商品做出各種不同評估的方式,而新古典分析將價格理論等同於價值理論。

29 理查・波納是喀麥隆知名的音樂人、貝斯手、作曲與演出者,他成功地融合喀麥隆傳統音樂與爵士樂,目前活躍於國際音樂界,成就非凡。

實踐的邏輯應用在文化相關產品上，此一文化工業[註32]等於把所有文化產品降級為短暫的消耗品，以促成休閒文化的產出而滿足其經濟需求。休閒產業提供的舒適便利，那些產物就其原本意義而言，並不是漢娜・鄂蘭定義之下的文化產品——也就是其功能是支撐並豐富生命進程，建立永久性與持續時間（這些功能超越需求），在我們離開後能存留在世上、見證我們生而為人的冒險痕跡的產品；相反地，它們都是消耗品，注定在一個生產週期中被耗損並被另一批取代，以確保這個需要透過持續生產來維持的產業能長長久久。同樣地，當一種文化著重於物質生產、最佳化，生產時追求最低成本、交易時則主要基於商品交換、透過價格壟斷、將價值等同於價格；這樣一種文化，

---

30 T. Adorno et M. Horkheimer, *La Dialectique de la raison*, traduction de E. Kaufholz, Gallimard, 1974.（中譯本：提奧多・阿多諾與馬克思・霍克海默，《啟蒙的辯證》，林宏濤譯，商周出版，2023。）

31 Hannah Arendt, *La Crise de la culture*, traduction de Patrick Lévy, Gallimard, 1972.（中譯本：漢娜・鄂蘭，《過去與未來之間》，李雨鍾、李威撰、黃雯君譯，商周出版，2021。）

32 文化工業的概念是由法蘭克福學派的阿多諾與霍克海默所提出。他們斷言大眾文化的傳播將使真正的藝術創造陷入困境。文化工業（電影、廣播、報章雜誌、電視）要的不是解放個體，相反地是在經濟邏輯主導下讓生活模式趨向一致。

應用在社會生活的所有領域裡，可能導致價值的毀壞與物品用途的扭曲。

讓非洲經濟在其文化脈絡裡紮根

如果說非洲有這麼一個空間，儘管經歷近代的世局起落與歷史動盪，其傳播力與輻射力在其中卻絲毫無損，完整無缺，那就是文化領域了。此一秩序可構成更具效率的經濟基礎，因為它與自身文化脈絡更為契合。只是經濟與文化之間的銜接欲望存在幾個困難。非洲社會存在許多文化體系：似乎與主要奠基在外向性消費模仿的模型而來的菁英文化對立的大眾文化；由**全球化**的年輕世代，亦即全球大眾次文化（熱門金曲、短影音……）消費者構成的城市文化；以及所謂的傳統文化。群體內部也存在權力關係，而往往造成一種由菁英強加而來的主導文化（culture dominante）。然而，對許多個體而言，文化是由相異層次疊加而來的重寫本，充滿借自不同領域的指涉。倘若我們認為文化是個持續重新被定義的交易概念，一種動態的想法，總是不斷重新協商，此處的困難則是辨識出穩定而有所區隔的特徵，那個讓我們得以將之視為群體與社區基

本人格的框架。不過,儘管沒有恆久的本質或不會變異的身分,但我們可以察覺到這種群體基本人格的存在,察覺到它的演變——只是速度緩慢。喀麥隆的貝提人、塞內加爾的塞雷爾人、馬利的桑海人,他們有一些共同的風俗習慣、參照與價值觀,這是理解與他者關係的一種方式,而這些文化特徵都影響著他們與經濟的關係。此外,切克・安塔・迪奧普(Cheikh Anta Diop)[註33]已經揭示,那些長時間共享大規模社會歷史形構的民族(古埃及、迦納帝國、馬利帝國、地中海、的黎波里塔尼亞、昔蘭尼加周圍)之間存在著某種文化一致性。因此我們可以強調,在非洲當代社會,儘管傳統對行為的規範力被削弱,仍可發現某些殘存的傳統文化特徵。尤其是與聲譽支出、象徵性商品投資、強制的慷慨與義務協助等內化而來的觀念有關的特徵。後者可以部分解釋何以我們在撒哈拉以南非洲發現來自移民的高額匯款,其價值對大部分的國家而言已超越公共發展援助,有時甚至超過外國直接投資的價值(這些同樣可以在禮物與交換禮物的邏輯下進行分析)。然而,這些殘存的傳統文化,都面臨社會整體現代性(modernité sociétale)帶來的社會關係變化加諸在功利主

---

[33] Cheikh Anta Diop, *L'Unité culturelle de l'Afrique noire*(黑非洲的文化一致性), Présence africaine, 1959.

義與個人主義邏輯的競爭，此一現代性導致自此之後，個人的成功變成社會冒險的驅動馬達。然而，對經濟主體行為的觀察顯示，利己的理性在他們的選擇裡未必總是占上風。這些選擇未必追求其效用或利益的最大化，在他們下決定的過程裡有著多重理性發揮其作用。**非洲人**（*Homo africanus*）並不是嚴格意義上的**經濟人**。他們做出選擇的動機包含榮譽、再分配[註34]、生存、禮物與交換禮物的邏輯。有許多活動自外於市場或主要社會性框架（家庭、人際關係），或次要社會性框架（由一種強制慷慨主導的社會體系）。然而，儘管諸多變化正在進行，非洲當代社會的文化脈絡，雖然是大雜燴或借自不同領域的指涉，且價值持續被重新協調評估，仍然是其成員在經濟選擇上強大的決定性因素。

要在社會文化上建立更好的經濟，首先，從理論的觀點而言，是應用適當的概念工具，以便對相關社會中個人與集體選擇的決定性因素有更好的理解與分析。深刻理解這些因素，便是所有企圖改善群體生活條件的政策的前提。

為了做到這一點，首要之務是填滿主流經濟學理論

---

34 一般來說，在非洲，薪水並不會立即作為受雇者及其家庭（妻子與孩子）所用，有不可忽視的一部分會重新分配給近親（父親和母親、兄弟姊妹、叔伯姑姨、祖父母）。

上的不足。僅僅以方法論個人主義[註35]假設之下的分析框架為基礎，無法關照到**非洲人**經濟行為的決定性因素。前面舉出的例子，讓我們懷疑作為非洲社會中個人選擇之基礎的這個假設的解釋能力。主流經濟學在其形式化分析裡，把文化對個人的影響最小化，將他們的行為視為具有普遍特徵的種種表現，可完全透過個人最大化的理性模型來捕捉，獨立於文化與歷史脈絡之外[註36]。行為經濟學指出，儘管行為者受到商品價格的煽動或對其變化有所反應，也未必都會根據成本效益的計算來做出決策。因此，更深入理解他們的行為基礎：包括其心理、文化與社會現實，會讓經濟政策更有效[註37]。

這牽涉到修補新古典主義範式中的缺漏，也就是在推論時納入整體與系統性方法，重視集體力量、社會建立的制度、社會形態的歷史架構，識別那些把受到文化影響的集體選擇納入考量，而不僅只注意個人偏好的其他調節

---

35 方法論個人主義的思維是，要理解群體內的行為，必須從個人動機著手，這成為經濟學分析方法的基礎。

36 即使它試圖捕捉文化或歷史的影響，它也是按照其方式處理。Guido Cozzi 將文化詮釋為一種進入古典生產功能的社會資本。Guido Cozzi, « Culture as a bubble », *Journal of Political Economy*, vol. 106 (2), 1998, p. 376-394.

37 參見世界銀行《2015年世界發展報告》。

生產的方式。探索經濟人類學、社會經濟學、歷史學、政治學、心理學與制度經濟學等研究，有助於將經濟學納入一個更寬闊的社會與自然體系內部來思考。上述這第一個挑戰是理論上的：生產出一種對觀察到的經濟實踐基礎有所掌握的經濟論述。

避免秩序的混淆

第二個挑戰是透過所有社會交換的機制，對個人和群體追求與重視的目的理解得更透徹，並依照效率原則，為他們分配適當的工具。從這個角度來看，文化將負責定義個人與群體重視的目標，而經濟，作為一門學科，其功能則是探索分派資源的方式以實現這些目標。因此，經濟將捨棄其形塑一切社會實踐的霸權傾向，重新成為服從個人和群體所重視的目標的一套方法秩序。

非洲傳統社會的經濟特點在於物資的生產、分配與擁有均受到某種社會倫理的支配，其目的是藉由資源分配與群體每個成員在需要時能獲得整個社會支援的權利，確保所有人的生存。勞動分工涵蓋了群體所有的能動力，透過指定他們一個功能性位置，完成整合社會所有個體的功

能。這種運作源自某種集體福祉的構想,以及某種為群體服務的經濟學[註38]。而這些經濟體系在面臨以個人利益為主、遺忘最初功能[註39]的資本主義經濟時,紛紛被推翻拋棄。

　　從十八世紀開始,西方的哲學家、法學家與經濟學家即對於衡量社會福祉、其論據的探索與使之最大化相當感興趣(傑瑞米・邊沁[註40]、約翰・彌爾[註41]、約翰・羅爾斯[註42]、阿馬蒂亞・沈恩[註43]、瑪莎・努斯鮑姆[註44])。福利經濟學的目標在於讓最多人的福祉最大化。邊沁與彌爾將福利的基礎建立在效益的概念上。牽涉的是將個人與社會的效益最大化;而收益被視為其主要論據之一。阿馬

38　Georges Ngango, *Éthiopiques*, numéro spécial, revue socialiste de culture négro-africaine, 70e anniversaire du président L. S. Senghor, novembre 1976.

39　包容性成長的新需求似乎引領著經濟重新連結其最初的功能:回應個人的需求。

40　Jeremy Bentham, *Théorie des peines et des récompenses*(懲罰與獎勵理論), traduction d'Étienne Dumont, Bossange Frères, Libraires, 1925.

41　John Stuart Mill, *Utilitarianism*, Longmans, Green, Reader & Dyer, 1871.

42　John Rawls, *Theory of Justice*, Belknap, 1971.

43　Amartya Kumar Sen, *L'idée de justice*, Flammarion, 2e éd., 2012.(中譯本:阿馬蒂亞・庫馬爾・沈恩,《正義的理念》,林宏濤譯,商周出版,2013。)

44　Martha Nussbaum, *Women and Human Development: the Capabilities Approach*, Cambridge university Press, 2000.

蒂亞・庫馬爾・沈恩則提出能力取向理論，對於這種主要奠基在效益上的純粹功利主義福祉觀點的侷限提出批判。能力[註45]定義了一個人擁有或做自己重視的事情的自由與本領；這是基於真實自由而來的理論框架。換言之，福祉的衡量不僅僅聚焦於生存手段，例如收益[註46]，而是關注個人生活實際的可能性與選擇（沈恩，2012）。它是根據自己的評估標準來追求過上美好生活的可能性。例如，健康是一種能力，而擁有健康是一種功能作用。從能力（健康）過渡到功能作用（擁有健康）必須經過因素的轉換。瑪莎・努斯鮑姆[註47]提倡照護經濟（économie du care）來推動對於公共政策及其評估的反思，這種經濟成功地照顧到每個人[註48]的需求與特殊（獨特的）偏好，並提供他們

---

[45] 能力取向方法的基本概念是功能作用與能力。功能作用是行為與狀態的實現或完成。它們本質上可以非常單純——擁有健康是種功能作用（健康是一種能力）、有足夠的食物、受到保護避免夭折等等；或者非常複雜——擁有幸福、參與社區生活、保持尊嚴等（Sen, 2000, p. 76）。相較於狀態或行為，能力定義了一個人擁有或做自己重視且認為有理由重視的事情的自由或本領。能力的定義裡的一個核心元素是自由，就其積極意義而言，即是一個人所能擁有之過上美好生活的機會。

[46] 處理貧窮與不平等仍是經濟政策的目標，但是它在承認福利概念的多重面向的特質時，理應超越這個目標才是。

[47] 能力的選擇可以奠基在現有的預設清單上，例如努斯鮑姆的清單。同前。

能獲得這些滿足的空間。

沈恩與努斯鮑姆的方法在我們看來很有意思，因為這些方法避免了經濟主義的暗礁，並且把經濟重新整合在一個較大的社會體系裡。此外，這種福祉的觀點——根據自己的評估標準過上美好生活的可能性，可避免把來自其他參照領域的神話素投射到群體或個人身上。同樣地，經濟公共政策將負責促進群體社會心理功能的滿足。

然而，定義出哪些面向應予以重視以便改進個人幸福的問題，可能會造成麻煩。努斯鮑姆認為有必要從現有的功能預設清單著手，至於沈恩，他認為這份清單在各個脈絡下都必須是獨特的，且由公共推理來決定。

其中一種解法可以是將所有人共同的最低倫理標準視為有價值的目標：教育、健康、營養、基本權利，接著根據當前的社會或宗教理論所反映的社會價值提出規範性假設，來建立一份功能清單。例如，倘若對於一個群體（比如蘇菲派兄弟會的成員）的福祉、平衡、凝聚力而言，一星期中要有一整天來進行宗教儀式或祈禱是重要的，那麼純粹以損失生產力或是經濟減值的想法來評估這

---

48 努斯鮑姆的清單是：長壽、身體健康、身體完整性、感官、想像力與思考、情感、實踐理性、社交能力（參與）、與其他物種共同生活的本領、玩耍與對所處環境的掌握。

個非工作日就會顯得片面，而且忽略了當我們將此群體的社會心理功能納入考量時，其成員的主觀幸福感會提升。

為了避開群體中主導意識型態的陷阱，第二條路徑可以從進行辯論切入，讓每個人在辯論中討論生活裡值得重視的面向。這種方法在我們看來更具成效。最後，我們可以基於分析行為數據或個人信仰而來的經驗事實，建立出能夠代表其價值觀的總體面向。

秉持破解經濟行動背後深層動因的想法，對非洲大陸感興趣的人類學家、社會學家與人文社科研究者[註49]強調，在這片地理區域的物品、商品與服務，是在一種以人際與群體關係至上[註50]的關係經濟裡流通的。這種由莫里斯・奧巴迪亞（Maurice Obadia）[註51]稱作關係經濟的經濟學似乎是交易中最強大的決定性因素與物質經濟的框架。此一解釋性提案，雖然還需要更多實證上的支撐，但值得我們關注。

奧巴迪亞定義關係經濟乃以真實關係中的生產和交易為基礎。這種經濟最原始且早於物質經濟之前即已出

---

49 Melville Herskovits, *op. cit*.
50 養老儲金會、禮物與交換禮物等行為的普遍似乎證明了這個事實。
51 Maurice Obadia, « Économie relationnelle et économie matérielle »（關係經濟與物質經濟）, *Les Cahiers du Sol n°9*, L'Intelligence collective, 2012.

現。關係是個體之間自願建立的連結，或許是透過特殊的物質結構而來，但與後者的市場價值無關（比如，一個人可能對某個物品、某個人、某個地方有其依戀或厭惡）。個體之間所能建立、製造、交換、隨著時間推移而延續，不必考量任何真正的物質利益所有正面或負面的關係，構成了關係經濟的基礎。如此形成的內部與外部關係組織具備某種品質與力量，本身即構成一種價值，不需要物質必然的在場就能存在，而且有能力在古典經濟學的決定性因素之外運作。金錢可以是它帶來的一種結果，但未必是目的。這種關係經濟可以作為一個群體（團體、公司、農民合作社）內部集體智慧的基礎並成為附加價值的創造者。此外，所有財富的創造都以與這種經濟的互動為前提。物質經濟與關係經濟可以彼此餵養，只要它們意識到它們誰也不是對方的目標，並承認各自的領土及彼此的運作規則。再者，關係經濟的目標是創造出個體之間良好的關係[註52]，那些本身即構成價值的關係。

　　塞內加爾的穆里德信徒（mourides）可以說明關係經濟和物質關係之間的連結，而前者可說是後者的骨架。穆

52　為了產生一段名符其實的關係，需要一些稀有、有限且消耗性的因素：即指定時間內的精力與資訊。這些因素與介入物質生產的因素相同，對物質生產來說必須加入原物料與資本。然而產出一段高品質的關

里德是塞內加爾一個蘇菲兄弟會，其創始人阿馬杜·班巴（Cheikh Ahmadou Bamba）以非洲黑人文化重新詮釋的伊斯蘭價值觀為支撐，領導了一場對抗殖民的和平文化抗爭。在這個團體裡存在一種工作文化，某些人把它跟馬克斯·韋伯對新教倫理的工作文化進行比較[註53]。此一工作文化是根據先知穆罕默德的聖訓（hadith），由兄弟會的精神領袖援引陳述如下：

「為了今生工作好比你應當永恆不朽，為了來世工作好比你明日即將死去」，以及根據兄弟會創始者在布道／詩歌裡的建議：「我對你們建議兩件事，而不要將第三件事與它們連結：那就是工作與崇拜真主。如此你們將獲得寧靜……」

當然，這個團體裡存在一種工作與努力的文化，但同時也有一種參與、自我奉獻與服從 ndigëls [註54]的文化，這些 ndigëls 都是團體精神領袖的指示。這個精神領袖有能力動員大量無償的勞動力來從事各種有利於團體的工作，

係成本更高，因為它需要在一段有效的時間裡投入精力、時間與多樣化的資訊。

53 Max Weber, *L'Éthique protestante et l'esprit du capitalisme*（新教倫理與資本主義精神），Plon, 1964.

54 譯註：*ndigël* 指的通常是穆里德兄弟會精神領袖的命令或精神指示。

例如將四萬五千公頃的森林整治為農業生產所用。此外，主要的經濟互動是奠基在凝聚兄弟會成員的諸多連結上。在此，我們看到的就是個繁榮的物質經濟案例，而關係經濟即是它的決定性因素。這種關係經濟的特點在於兄弟會內部有某種團結，使之得以將交易成本降到最低來實現基本經濟操作，其關係乃建立在信任、尊重與口頭承諾上。所以在這個團體的成員之間，有種透過結算抵償的資金轉移系統，讓成員在商旅出差時，可免除使用一般銀行系統的成本；團結與經濟網絡的建立，造就了他們在開始一項經濟活動之前即有無須成本的資金可運用的傳統，以及便利的還款機制。穆里德商人占據塞內加爾非正式經濟大部分的區塊，特別是在貿易、建築、紡織和加工等領域。他們在社會與經濟上的成功，可以用共同理想與團體歸屬感形塑的強大團結力量來解釋。這種奠基在一個群體共享的社會文化與宗教上的大眾經濟是動態的，而且讓該團體得以掌控塞內加爾所謂非正式經濟的大部分領域[註55]，這部分的經濟雇用了該國60%的勞動人口，占GDP的54.2%。

---

55 Thiam El hadj Ibrahima Sakho指出，直到1970年代，穆里德兄弟會由於花生產量極高而被看作是一種農業神權運動。在1980年初，穆里德信徒投資小生意，如今早已超過中盤與大盤商的階段，而具有工業或企業的

圖巴（Touba）做為穆里德兄弟會的總部，因其人口和經濟實力而成為塞內加爾第二大城市。

在前述的例子裡，重點是維持這種關係經濟的基礎，避免直接把古典經濟機制挪移套用進去。根據奧巴迪亞的看法，古典經濟文化會對關係經濟產生負面影響，導致某些人以最低成本來衡量其關係經濟生產，而建立出一種消極關係的經濟[註56]。

經濟與文化之間富有成效的銜接，得仰賴非洲經濟在社會文化動態價值上打下更穩固的根基。而這只能透過限制經濟的無所不能來實現；要求它恪遵其功能與技術性角色，專注在探索跟資源分配、經濟產物相關的知識與技能。由是，在將價值與意義的生產託付給文化的過程裡，文化成為神話生產者與社會冒險的調節及組織者。重新掌握自己的未來、創造自己的目的論、組織自己的價值觀、在生活的不同維度中找到和諧平衡的能力，這些取決於非洲文化是否有能力將自我設想成種種規劃，肩負起現在與未來，並以促進所有表現形式的自由為目標[註57]。從這個規模。Thiam El hadj Ibrahima Sakho, *Les Aspects du mouridisme au Sénégal*（塞內加爾穆里德主義的面向）, thèse de doctorat du troisième cycle en sciences politiques, université de Siegen, 2010.

56 積極關係的經濟需要質與量兼具的能量，以及多樣化的資訊。

角度思考，經濟與文化之間有效的銜接，只能藉由賦予每個領域最具效率的目的來達成。

---

57 Valentin Yves Mudimbé, *L'Odeur du Père*（父親的氣息）, Présence africaine, 1982.

自我療癒、

自我命名

經濟、政治、文化都是社會結構的支柱，需要翻新整建。心理學則是第四根支柱，同樣是其基礎。數個世紀的異化與奴役在非洲人的性格和心理留下印記。非洲人必須從他蒙受的自戀傷害與心理創傷中自我療癒，如今，這些創傷在某些人身上是呈現的是自尊的喪失、內在的自卑感，對另一些人呢，則是極度缺乏自信。法農對這種異化意識[註1]的描述相當貼近真實且切合當下。一種與他者之間受到干擾的關係——主要是與前殖民者之間，兩方難以在同樣的水平上建立起互惠的關係。一種無論在什麼領域，其專業、品質與判斷只要來自西方就備受推崇的傾向。一種不正常的偏心，一種自我的缺席，轉譯成無力自我思考、判斷、評價事物等現象。此外，還要加上外在與事物的關係。西非的流行表達方式，例如以**白人的科學**（*science du Blanc*）來指稱科學知識或技術應用，意味著在共同科學遺產裡將自我排除。這些遺產大概是他人造就的事實吧，尤其是白人巫師的傑作——他被視為**技藝**（technè）的大師，從眾神那裡奪走了其他凡人無法獲得的祕密。儘管知識考古學已然證明人類的科學遺產是種集體建構，種種革新的時刻乃由社會歷史條件所決定，不同

---

[1] Frantz Fanon, *Peau noire, masques blancs*, Seuil, 1952.（中譯本：《黑皮膚，白面具》，陳瑞樺譯，心靈工坊，2007。）

時代的人對人類所有智慧形式均有貢獻，但是大多數的人仍感到格格不入。

在科學合作領域，以西方為中心的觀點經常導致非洲政府極度偏愛外國專家[註2]，包括那些其實當地專家表現得更突出的領域。這種傾向存在於社會組織的所有層級，西方白人專家的神話，前來展示如何把事情做得更好。在足球界，大多數的非洲球隊都由小白巫師領軍並進行訓練。這些人往往在自己的國家找不到工作，卻轉而來到非洲大陸被接收，薪水有時甚至比共和國一些現任總統還高。這種異化還體現在某些非洲知識分子菁英和藝術家身上，他們迫切渴望被西方所認可的機構授予頭銜或神聖化：學院、文學與藝術獎項、菁英大學等，這種認證被視為唯一具備價值的認可。不幸的是，普羅大眾也這麼想。於是，一位才華洋溢的人通常只有在榮膺西方加冕之後，才能得到當地的認同。那些在我們的天空下展現的智慧、稟賦與天才，無論在哪個領域，都得繞到太陽下山的那一頭，才能獲得認可。

2　我們常常看到的情況是拿下合約後，外國公司便將工作二包給當地專家。大多數與撒哈拉以南國家經濟前景相關的策略計畫，都是由同一家西方顧問公司經手的，儘管當地研究者對這類主題有著豐富的專業知識。

重拾自尊並重新打造心理基礎建設的問題於是便出現了。重生的條件是什麼？如何療癒痛苦的自我，綻放自身生機洋溢的衝勁？如何擺脫對自己的憎恨，重建自尊？治療的場域在何處？是要恢復舊有的形式抑或創造一個新世界？要在什麼樣的基底上投注新的推動力？

　　心理分析學家讓我們理解神經官能症可以發生在個人身上，但也可能是集體的，而且還會跨代遺傳。對海德格來說，回歸自身本真的存在是改變凡人處境的條件[註3]。對穆班布而言，音樂、宗教與寫作都是治療的過程，是能夠輔導人性提升的實踐分析場域[註4]。當然，音樂與宗教作為參與的藝術，在這個過程中扮演著重要的角色，提供了將群體融合、淨化，以及轉化為行動的可能（一個社會只有在化為行動的時候才是有效的：也就是共同行動的能力）。

對尊嚴的要求

　　2013 年 6 月 20 日，一位名叫布娑・德拉梅（Bousso Dramé）的三十歲年輕塞內加爾女性，在一封寫給法國大

---

[3] Martin Heidegger, « Pourquoi des poètes ? »（何以是詩人？），in *Chemins*

使館的信裡，說明她獲得赴法簽證但拒絕這張簽證的理由。從這些理由當中，我們看到她說明大使館承辦人員對她的不尊重。這起事件引起極大的迴響，在塞內加爾國內甚至非洲大陸諸多媒體都有廣泛討論，也在社群網站上掀起好一陣子的**熱潮**。一位非洲女性說：不，謝謝，我不會去你們的國家，因為我要求你們以應有的尊重對待我。這種狀況可不常見。是時代變了的徵兆？西方富饒黃金國的去神話化？一位要求他人給予應有尊重的年輕人，再也不願意接受揮之不去的殖民關係？這起事件所投射出來的形象與非法移民形成強烈對比，後者在破船上冒著生命危險，而且很遺憾地把地中海化為非洲移民巨大的墳場[註5]。很多非洲人追隨德拉梅的腳步，對於法國大使館在他們申請簽證時各種充滿侮辱、令他們受傷的對待指證歷歷：那些都是常態且是所有人都有過的共同經驗。這封信迫使法國大使館不得不做出回應並自我辯護，爾後我們看到處

---

qui ne mènent nulle part, Gallimard, 2006.
4 Achille Mbembé, *Sortir de la Grande Nuit, op. cit.*
5 在非法移民身上，帶著某種將他們過上更好生活的權利強加給世界的意味：藉由拒絕現狀，他們打亂了對他們不利的地緣政治秩序，從而促成界線的改變。但是最重要的是，他們延續了一種自人類存在以來的古老做法：移民是因為人們渴望擁有更好的生活條件。人類遷徙的整個歷史都是基於這個事實。

理簽證的部門在態度上的改善，而這顯然是來自內部的命令。有些人觀察到布娑・德拉梅讀的是世界一流的大學，她在知識上的力量使她挺身反抗。這起事件中最具意義的，是呈現出某一群非洲年輕人的態度。這些年輕人受自身文化的薰陶，與所有人一樣具備現代知識的養成[註6]，沒有任何情結，他們要求應有的尊重，不想跟老一輩的人一樣，陷入面對過去殖民者那種不正常的關係。

這群年輕人投入社群網絡、寫部落格、使用推特、評論時事、表達自身的看法，同時關注世界的腳步。他們即時反應，只要法語圈一披上文化帝國主義的外衣便會有所動作，就算人口與社會語言學動力使得法語不僅成為非洲的語言，且歸功於非洲的人口數，還讓這個語言得以維持其世界排名。同樣是這群年輕人，他們起身反抗「法國非洲峰會（sommet Françafrique）」的象徵意義。在這些峰會裡，非洲大陸的國家元首被召集到艾麗榭宮，像是需要老師教導的小學生。在主席團裡，現任的法國總統旁邊是他——非洲大陸的經濟強國元首，以及一群在民主

6　這個年輕世代由於難以獲得歐洲簽證，於是放棄與西方直接接觸，轉而前往世界其他地方，像是東南亞、北美、土耳其、中國求學、接受培訓。在受過自身價值體系教育的一小群人當中，也可以看出這種基於自我意識而對尊重的要求。

這門學科上表現良好的學生，特別是最優秀的「行省總督」：王子在哀悼親人時，他們流下的眼淚比他還來得熱切。這種根本上的不對等，在一個國家召集一片大陸，為他們指出應遵循的作法以及解決他們自身問題的方式時已昭然若揭。艾麗榭宮最近一次的法國非洲峰會上，法蘭索瓦・歐蘭德（François Hollande）[註7]呼籲非洲人建立一支快速反應部隊來解決他們的安全問題，言下之意即法國則無須被迫代替他們來解決這些問題，儘管大家心知肚明，這些干預是以人道救援為幌子，實則為這個前殖民強國本身的地緣戰略利益服務[註8]。這類虛幻荒誕的現實，反映出主權的缺乏，非洲這群年輕人就是因為心中的渴望往往與代表他們發聲的人落差太大才忍無可忍。他們向這些人要求尊嚴[註9]，而為了達到這樣的目的，其先決條件是政治、安全與經濟的自主。這種對尊嚴的渴望，顯然在音樂

---

7 譯註：本書初版時間為2016年，這裡指的「最近一次法國非洲峰會」應是2013年那一次於巴黎召開的「非洲和平安全峰會」（Somment pour la paix et sécurité en Afrique）。

8 參見 Boubacar Boris Diop et Aminata Dramane Traoré, *La Gloire des imposteurs*（冒充者的榮耀）, Philippe Rey, 2014.

9 當非洲僑民在西方國家或馬格里布因種族主義遭到殺害，其領導人的反應卻是軟弱或不吭一聲。有時甚至連他們外交組織中的成員遭到惡劣對待時他們也保持緘默，更讓人民難以忍受。

裡最能被體現。

在Tiken Jah Fakoly的音樂裡，他以簡單有力的歌詞，一種犀利的根源雷鬼（reggae-roots）one-drop的節奏，傳達出對於自由又自豪之非洲意識的呼籲，將非洲的未來掌握在自己手裡，為打造這片大陸而努力。

而同樣是Tiken的音樂，我們注意到他最新的專輯出現微妙的變化。他的訴求少了受害者的意味，更多轉向自我責任的要求。這種變化很值得玩味。透過語言的運用從痛苦的意識中療癒。這關乎打破阻礙、侷限、化約論者的命名，也就是現實裡被禁錮在機能不全的維度裡的那些術語，像是「不發達」、「貧窮」、「非法」這類字眼。尤其別再把自己視為大歷史中的受害者，而正視自己為自身歷史的主體。

Didier Awadi的嘻哈音樂是一種批判，不討好現有政權和威權者，呼籲以泛非主義為基礎，在非洲大陸進行一場實踐和心態的革命。Daara J Family的音樂展現仰賴非洲文化與文明資源來打造未來的思考。至於Xuman，則在一種社會專欄式的藝術裡發揮得淋漓盡致：破解日常生活經驗，從中擷取本質，寫入集體記憶。迦納的Blitz the Ambassador的創作，流露出一種非洲世界主義（Afropolitanisme），混合了都市性、世界性與非洲資源。成千上萬的年輕人聽著這些藝術家的音樂，隨著他們

的節奏與歌詞共振。在這些藝術政治人物旁邊，曼德拉（Nelson Mandela）、盧蒙巴（Patrice Lumumba）、桑卡拉（Thomas Sankara），恩克魯瑪依舊是年輕人心目中的英雄，因為他們是獨立、自治、自我尊重等論述的承載者，這些都是年輕人想從非洲當代人物身上尋找卻徒勞無功的。曼德拉的例子最具象徵性，除了在廢除南非種族隔離上獲得的勝利，他深知如何把源自非洲傳統的文化與哲學資源的政治願景付諸實現。烏班圖（L'ubuntu）這套「我因為我們而存在」的價值體系是奠基在個體的社會本質上，以共同利益為優先並尊重他者的人性。這也使得曼德拉獲釋後，拒絕讓種族隔離期間受到歧視的黑人社區進行報復，甚至對於種族隔離期間犯下違反人道罪行者的追訴不受時效約束提出異議。

　　這種崇高的政治願景，雖然是他在遭到監禁的歲月裡汲取自各方的哲學冥想的滋養，但最主要的滋養泉源，是烏班圖哲學[註10]。

　　重拾自信亦可透過重新講述自己的歷史來達成。聯合國教科文組織已著手進行一項與非洲通史相關的大工程，其宗旨是涵蓋從人類出現以來到今日的非洲歷史，賦

10　參見 Jean Paul Jouary, *Nelson Mandela, une philosophie en actes*（尼爾森・曼德拉，一種付諸行動的哲學）, Le Livre de Poche, 2014.

予它在奴隸貿易之前與殖民之前的時代一個重要的位置。目前這套通史已出版了八冊，最後一冊包含1935年到今天的歷史。這個計畫預期的作用，在於將非洲人重新放入其記憶與歷史的長河，讓他們得以將那段黑暗時刻圍起來，尤其是不要再把奴隸貿易與殖民化當作他們歷經千年、複雜而悠久的歷史之中心支點。

有時，我們可以在音樂裡，讀出一種渴望：找回非洲失去的名字。這個非洲被稱作 Gondwana、Akiboulane、Azania、Farafina [註11]。想找回一個失去的身分，想要與歷史迴圈這個時刻帶有貶意的名稱拉開距離的渴望，是可以理解的。但是解決之道不會是來自昔日的鄉愁，而是最佳的自我更巨大的存在。個人與社會正是從自身歷史所遺留的種種，以及他們著手整合串連所造就的結果。非洲文化的正面價值存在著、持續著；需要做的只是探索它們蘊藏的動力與資源，包括道德的、物質的、精神的與充滿創造

---

[11] 譯註：Gondwana（岡瓦納）指的是古生代以來最大的超大陸，非洲大陸原是它的一部份。Akiboulane這個詞的起源很可能來自阿拉伯語，指的是「黑色大地」，現代時期被某些歐洲作家用來指稱非洲。Azania（阿扎尼亞）指的是東非沿著印度洋延伸直到紅海南邊的部分，在老普林尼的《自然史》裡提到阿扎尼亞海，指的便是從阿杜利斯（Adulis）沿著非洲南部海岸延伸之處。Farafina在西非班巴拉語中指的是：拒絕被統治的黑皮膚民族的土地。

力的那些。

革命將是

明智的

非洲國家所面臨的文化、經濟、人口與政治上的挑戰，都是他們所謂範式與實踐的革命。教育與人力資本的培訓問題是處理這一切的核心。繼農業革命與工業革命之後，第三次革命，也就是資訊社會的數位革命，奠基於知識與創新，而ICT資訊與通訊技術（網路等）加速其傳播，在當代國家財富裡，非物質資本的貢獻變得如此重要，從此我們談起所謂的知識經濟。

　　在過去這十年間（2000-2010），我們注意到非洲大陸的小學淨在學率有所改善，特別是在撒哈拉以南非洲。從1999年的58%，乃至大部分國家都提升到77%，不過這當中還是存在極大的差距，某些國家落在90%，而其他則在60% [註1]。小學、國中與高中在非洲的城市與鄉村一間間蓋起來，而全民教育將在下一個十年達成。此外，還要加上打造高等教育與高品質研究而付出的努力。然而，建立真正奠基於知識（savoir）的社會，必須在教育、培訓與科學研究上投資更多。

　　儘管我們注意到各種進步，但是分配給這些職位的

---

[1] 1999至2011年，學齡前教育毛入學率從10%提升到18%，小學淨在學率則從58%提升至77%，國中的毛在學率從29%提升到49%，成人的識字率從53%提升到59%。2013、2014聯合國教科文組織《全球教育監測報告》。

資源仍然遠遠低於[註2]啟動真正連鎖反應與維持良性循環的需求[註3]。然而，除了需要高品質的大眾教育之外，還有一個基本問題是要推廣、傳播哪一類型的知識。對技術知識的掌握，是為了讓社會組織更有效率，因此成為一種共識，儘管這些知識未必是中性的，且我們必須認知到它們對社會的影響。

社會科學與人文科學提出的則是其他問題。它們首要的任務在於讓我們對社會動力有更細緻的理解，若是缺乏這樣的理解，就不可能對社會積極的變化提出實際的前景。我們發現在人文社會科學裡，與非洲有關的知識庫，明顯充斥著殖民式民族學與人類學的標記。瓦倫丁·穆丹貝（Valentin Mudimbé）將這個知識庫命名為殖民圖書館。非洲空間自從十五世紀以來始終被他人的話語所建構，其目標是實際加以統治、重新形塑原住民的思維模式，將當地的經濟史整合到西方觀點裡[註4]。這些知識

---

2 1999至2011年間，非洲國家的教育經費支出在GDP的占比從4%上升到5%。

3 當科學生產透過創新而提高其附加價值，這些資源就會到位，而且這些價值又可以反過來更有效地投資於非洲社會在當前、以及面對未來挑戰時所需的知識生產。

4 Valentin Mudimbé, *The Invention of Africa : Gnosis, Philosophy, and Order of Knowledge*, Indiana university Press, 1988.

——主要由治理性（gouvernementalité）目標所驅動，其意圖是將殖民事業合理化並奠定其基礎——均透過文化優越感與種族主義偏見的稜鏡來看待非西方文化。可惜它們持續強而有力地建構著對非洲現實的理解，同時是延續統治（不然至少也是延續依賴關係）的要素。拉吉夫・巴加瓦 [註5]（Rajeev Bhargava）相當關注印度特殊的狀況，從中辨讀出他所謂的：從英國殖民主義而來的認知不平等（l'injustice épistémique）。他指出，在以控制殖民地區的資源為目的的情況下 [註6]，那些引導被殖民者的個人與集體行為的意義與分類體系，如何被置換成殖民者的體系，而這個過程如何透過對群體價值及其意義系統的貶抑與詆毀來完成。這種對被殖民者本身的文化與認知框架的貶抑

5　Rajeev Bhargava, « Pour en finir avec l'injustice épistémique du colonialisme »（終結從殖民主義而來在認識論上的認知不公平）, *Socio*, 2013 (https://socio.revues.org/203).

6　「……事實上，維持殖民地與宗主國之間經濟的不對等，意味著後者對殖民地近乎絕對的政治控制。然而若缺乏對殖民者在文化上的主導地位一種廣泛、共有的共識，這樣的控制其實不可能實現。為了建立這種優勢，除了占領殖民地的土地與資源之外，攻克他們的文化與精神更是重中之重。因此，殖民化在經濟與政治不公平上又加上了文化不公平。認知上的不公平便是其中一種形式：當一個民族理解自己及其宇宙的概念與範疇都由殖民者的概念及範疇取代或影響，這種不公正便會顯露出來。」Rajeev Bhargava, *ibid*.

是一種過程,首先在殖民者的話語中展現,接著在殖民者的理論工作中具體成形。非洲的西方殖民化過程亦如出一轍。

瓦倫丁・穆丹貝、科瓦西・維雷度(Kwasi Wiredu)、恩古吉・瓦・提昂戈(Ngugi Wa Thiong'o)都很關注非洲(哲學、科學與文學)話語(discours)的解放問題以及建立一種非洲社會科學的可能性。對他們來說,能夠成為自己科學話語的主體,並根據自身的規範與標準來確立其實踐至關重要。穆迪姆在《王國的另一面》(*L'Autre Face du royaume*)[註7]一書中,以這樣的方式說明其計畫:「對我們非洲人來說,這涉及的是對科學的投注,首先就從人文與社會科學開始,要掌握其中的張力衝突,著眼於我們的利益來重新分析這些支撐論點的偶然性及陳述發表的所在,知道什麼是新的意義,哪一條路通往我們追尋的方向,好讓我們的話語能夠證明自身的正當性,一如那些參與某段歷史的獨特存在,非洲也是獨特的。總之,我們必須擺脫父親那股氾濫過頭的氣味:某種秩序、某個地區的氣味〔……〕那個氣味是某一種文化所獨有,但它卻不合常理地以全人類的根本自居並如此展現著。」

7　Valentin Yves Mudimbé, *L'Autre Face du royaume*(王國的另一面), L'Âge d'homme, 1973, p. 35.

這些思想家面臨的問題在於適應他人思想的代價，其結果可能是獨特的社會歷史經驗就這麼純粹簡單地消失。若想脫離一種「挪用與異化」的辯證，且這種挪用必然的結果是剝奪（在與他者記憶同化的同時失去自己的記憶[註8]），唯一的方法只能擺脫父親的氣味。

擺脫父親揮之不去的氣味

這裡涉及的是對目前非洲大學投注與傳授的人文社會科學進行根本的改革。然而脫離再－生產（re-production）與模仿的教學[註9]有幾個前提。首先必須對當前非洲融入西方神話的心態有精確的理解[註10]。非洲大陸的西化已經不是處在理論構思的階段，「它是一種行動、一種運動」，儘管非洲文化一直以來強烈抵制這種外

8　Justin Kalulu Bisanswa, « Valentin Yves Mudimbé : Réflexion sur les sciences humaines et sociales en Afrique »（〈瓦倫丁・伊夫・穆丹貝：關於非洲人文社會科學的反思〉）, *Cahiers d'études africaines*, 160, 2000.
9　Thomas Mpoyi-Buatu, *La Re-production*（再－生產）, L'Harmattan, 1986.
10　Valentin Yves Mudimbé, *L'Odeur du Père*（父親的氣味）, Présence africaine, 1982.

來影響。同理，第一個工作場域，即是「闡明將非洲與西方綁在一起的複雜關係，釐清思考的運作、知識的實踐、存在的態度與生活方式」[註11]。

這個重建計畫要求重新檢視社會科學領域，亦即對實踐於非洲現實的人文社科所生產的知識之研究對象、方法及其地位進行認識論上的（épistémologique）提問。透過對產出的論述、理論框架、意識型態基礎以及用來支配並「將非洲人病態化[註12]」的邏輯進行根本性的批判，解構殖民（人種學的）理性。以大寫他者（l'Autre）的知識為基礎而來的他者（l'autre）知識化約了主體，亦即主體是（或說成為）大寫他者（l'Autre）眼中的他者（l'autre）[註13]。為了恢復非洲人文社科的產能，必須重

---

11 「逃離西方意味著精準衡量擺脫它的代價；這意味著，明白西方（或許是以一種陰險狡詐的方式）距離我們多近；這意味著，知道在那些讓我們得以與西方抱持不同思考之處，哪些部分仍有西方的影子，並且評估支撐我們對抗它的手段裡，或許仍有與我們對立的圈套，動也不動，位於別處，正等著我們。」Valentin Yves Mudimbé, *op. cit.*, p. 12-13.

12 「西方為了文明而創造出野蠻，為了開發而創造出未開發，為了人種學而創造出原始人」——穆丹貝。

13 Justin Kalulu Bisanswa, « Valentin Yves Mudimbé: Réflexion sur les sciences humaines et sociales en Afrique »（〈瓦倫丁・伊夫・穆丹貝：關於非洲人文社會科學的反思〉）, *op. cit.*

新質疑從西方社會產出的社會知識的普遍性。為自己發聲必須同時對西方關於非洲的知識，以及非洲人對自身歷史[註14]、文化的論述提出批判，因為後者往往處在與西方相同的理論框架下進行自我辯護，而正是這個框架曾經把非洲侷限在殘忍、原始、野蠻、口述文化與異教信仰裡。

對維雷度和穆丹貝來說，為了擺脫伺機而動的學術異化，非洲研究者必須承擔思考的責任，著眼未來而建立一種反映其社會政治脈絡下的**物質生活**的**科學論述**。此一思考行為必須根植於當下，尤其要關注它有待考古的諸多領域、非洲社會真實的趨勢及其最具體的表現。這關乎整合非洲社會型態真實的複雜性，不再將之視為西方歷史的模仿，而是有意識地接受其文化與歷史的特殊性。

穆丹貝強調，將他人對非洲的言論進行簡單的分析批評，無法讓我們真正取得話語權，或用另一種方式來肯定自己的獨特性（而不是找個託辭）。這裡指的是，為了思考，一個人必須從自身處境與結構出發。「歷史經驗的

---

14 「如今，我們大聲以一種新的言說來談我們的希望與夢想。然而，這不可能真正成為一種選擇，除非我們先從現在的位置，對於過去、傳統、華美浮誇的神話與意義的網絡進行一場新穎、具有批判性且澈底的解讀。」(Valentin Yves Mudimbé, *Les Corps glorieux des mots et des êtres*〔文字與存在享天福的聖身〕, Humanitas, 1994.)

獨特性顯而易見。我們可以從每個經驗提取出自己可理解的標準，而不必讓另一個經驗的工具或擁有特權的類別介入[註15]」；任何歷史領域都有其內在的動力與邏輯。

穆丹貝思索，以非洲語言取代歐洲語言，是否就能獲得心所嚮往的非洲論述。改變認知理解及科學生產的語言工具或可引發認識論上的某種決裂，為非洲嶄新的冒險開闢一條道路，一如希臘思想的發揚者，他們在埃及獲得對技術、方法與用途的理解，進而將這一切移植到自己的語言裡，因此驅動了知識與生活的重組，而其根本的秩序延續至今。在這一點上，他的思考與維雷度和恩古吉·瓦·提昂戈是一致的，他們認為從非洲語言找出路，不僅能將精神與想像力去殖民化，還能揭示諸多內在性，以及銘刻在某個對非洲人而言深具意義的世界秩序裡的意義宇宙。語言開啟各種可探索的星系、宇宙與世界。為了掌握並發揚相關的文化及其思想與知識內涵，非洲語言是得天獨厚的切入途徑。邦弗尼斯特與維根斯坦的研究[註16]，已

15　Valentin Yves Mudimbé, *L'Odeur du Père*（父親的氣味）, *op. cit*., p. 185.

16　Émile Benveniste, « Catégories de la pensée et catégories de langue », *Problèmes de linguistique générale*（邦弗尼斯特，〈思想範疇與語言範疇〉,《一般語言學問題》）, Gallimard, 1971, p. 63-64. Ludwig Wittgenstein : « […] les limites de mon langage signifient les limites de mon

然彰顯了思想與語言句法結構和文法上微妙的連結。

然而賈斯汀・卡魯魯・比桑斯瓦（Justin Kalulu Bisanswa）[註17]指出，這項工程的困難之處，正在於要推倒父親的雕像只能透過召喚父親來實現。那些接受西方大學養成的非洲知識分子，他們的表述似乎仍擺脫不了看著它誕生成形的源頭，那是如考古遺跡般的存在。這些表述往往只能在占據主導地位的科學實踐的夾縫中進行，因為它們無法表達自己推翻重來的意志。自我獨立思考的可能性只有在拋開構成其基礎與框架的意識型態體系時，才具有產能。這意味著要能成功反抗其知識系譜與認知傳統。

然而，這種嘗試的主要障礙，是確定出一個認識論領域，也就是釐清我們要理解的是哪些特殊對象，以及達成目的特有的方法。認知去中心化的問題一直是非洲哲學家爭論不休的主題。埃布希・布拉加（Eboussi Boulaga）在他的研究裡，將之視為一種必要的療癒方式，用以克服

---

monde [⋯] », *Tractatus logico-philosophicus*（維根斯坦：「〔……〕自身語言的限制意味著自身世界的限制〔……〕」，《邏輯哲學論》），Gallimard, 1961. 盧安達哲學家亞歷克斯・卡加梅（Alexis Kagamé），指出希臘文法對亞里斯多德本體論的影響。

17 Justin Kalulu Bisanswa, « Valentin Yves Mudimbé : Réflexion sur les sciences humaines et sociales en Afrique »（〈瓦倫丁・伊夫・穆丹貝：關於非洲人文社會科學的反思〉）, *op. cit.*

歷經殖民暴力後重新面對自己時所呈現的神經質與病態。對於西方知識概念反覆出現的一種批評是，它高估了主體的各種特性，其論調基礎是一種幻覺，即主體可透過自己的方法（無論是理性或意義），生產出一套能夠全盤關照現實複雜性的思想。歐洲方法學的陷阱是選擇單一的標準來解釋它。伊西亞卡・普羅斯佩・拉萊耶[註18]質疑，在認知理解的生產層面，我們的意圖是否只為了建構出一種完全順從經驗與理性辯證的現實。他批評基於排中律[註19]這種方法學的有效性。為了理解真實（réel），這種方法將主體與客體區隔開來。客體解離化（ponctualisation）而現實被切割成無數細小部分，接著我們則試圖將之重新縫合，這顯露出西方認知論傳統（tradition gnoséologique）裡某種實證主義的殘餘。它是兩千年前原子論的繼承者。這種方法對於發展物理學與精確科學確實有用；但拉萊耶

---

18 Issiaka Propser Lalêyé, communication lors du colloque *Le Clos et l'Ouvert: acteurs religieux et usages de la rue*, organisé à l'université Gaston-Berger de Saint-Louis, le 29 octobre 2014, UFRC, CRAC et FMSH. （〈封閉與開放：宗教的角色與街道的用途〉，2014年10月29日發表於Gaston-Berger de Saint-Louis大學舉辦之研討會。）

19 這個概念在西方認知邏輯裡也同樣受到量子物理學的捍衛者與思想家的質疑，比如 Nicholas Georgescu-Roegen 這類跨領域與反對排中律的推動者。

強調若運用在人文社會科學上,它是沒有產能的,因為這些研究客體都具有某種厚度而主體與客體無法分離。好比量子物理學,觀察者的位置會改變觀察到的事物。

有一代非洲年輕思想家重啟這場辯論,並將之置於知識型的對話與經驗分享模式裡。對於娜迪亞・亞拉・姬蘇基迪[註20]來說,這牽涉的是「創造新穎、具有批判性,沒那麼學科化、那麼說教的認識論〔……〕,將過往被殖民、被支配的主體進行表述時的處境納入考量,不受限於預先建立的知識秩序,而是同時包含其開放、積極的傳統。」其提議因此是藉由重新審視「在他人支配下建立的歷史經驗,將之列為共同的歷史;期望促成彼此相互認可,還給每個人他的歷史、文化與尊嚴」[註21],來建構出一種新認識論的條件。

然而對話、打造共同歷史的前提是權力關係的重新平衡,特別是碰到有意將既存的支配範式重新調校的計畫時。布隆丹・西澤(Blondin Cissé)指出法國企圖表決

---

[20] Nadia Yala Kisukidi, « Décoloniser la philosophie »(哲學去殖民化), in *Pensée contemporaine et Pratiques : penser le mouvement*, revue Présence africaine N°192 (02/2015), pp. 83-98.

[21] Marie-Claude Smouts, *La Situation postcoloniale*(後殖民狀態), Presses de Sciences Po, 2007, p. 33.

通過2005年2月24日頒布的法律[註22]第四條[註23]，召喚殖民化的積極作用，或比如該計畫中「第三世界」、「不發達」、「發展中」等語彙的使用，顯示出支配者與西方霸權文化在知識型的延續。

---

[22] 2005年2月23日頒布的第2005-158法律，是承認國家對於被遣返回國之法國公民為國家付出的貢獻。

[23] 「學校課程特別認可法國在海外，尤其是北非所扮演的角色之積極作用，並賦予駐紮在這些領土的法國軍隊之歷史及其犧牲所應得的卓越地位。」

安居

家園

認知上的去中心化計畫，可以從非洲文化和宇宙論中找到豐富又取之不盡的資源。技術科學理性的枯竭及其僵局帶來的文明後果，呼喚著未來的嶄新隱喻、想像泉源的翻新與來自另一個地方的思想。對非洲人來說，這些可在追求社會平衡的過程中，透過對自身參照領域做出更好的整合來達成。

為了避開殖民圖書館的陷阱，援引非洲文化資源時，必須根據這些文化本身的認知標準來掌握它們；亦即對該文化的理解乃透過自身的參照點而來。這就是渥雷・索因卡（Wole Soyinka）所謂的 *self apprehension*。透過自己來感知自己，不以他者為參照[註1]，對他而言，這決定了一種非洲專屬的思想（以及一種文學）的可能性。

對於那些火速挾著本質主義的幽靈作為要脅的人，他提醒道，非洲人可不需要等到歐洲人到來才能「單純地認識自我[註2]」。這是對文化一種深刻的認識而它無法從

---

[1] Étienne Galle : « La vision du monde yoruba dans la pensée critique de Wole Soyinka »（渥雷・索因卡的批判思想中的約魯巴人世界觀），*L'Afrique littéraire*, no 86, 1990, p. 84. 轉引自 Bernard Mouralis, *L'Europe, l'Afrique et la folie*（歐洲、非洲與瘋狂），Présence africaine, 1993.

[2] Bernard Mouralis, *op. cit*. 班納德・穆哈里強調這種對非洲文化的感知形式與真實性的意識型態相對立，它是一種社會觀點。這種感知形式需要經由這些社會內部的教育方能獲得。

外部獲得。

關於非洲社會科學之必要性，那些開啟這場辯論的哲學家，很少去質疑完全仰賴科學來理解非洲現實的想法。他們的計畫主要包含將科學知識去西方化的企圖，以及透過修正認識論立場以便對非洲有更透徹的理解。這種試圖透過所謂**科學**的工具來掌握非洲現實的方法，並沒有受到正當性與否的質疑。然而有一定數量的理由，可解釋我們對科學方法的能力，對於將它視為釐清現實的**唯一方法**抱持懷疑是合理的。要理解非洲現實還有其他方式，西方知識並沒有窮盡它們，況且，對感知現象學來說，所謂世界只是主體在個人與集體歷史中某個特定時刻、受制於某種看待世界的方式，用以再現和論述的對象物；既然如此，就必須對何謂真實進行提問。

當然，我們必須著手在既有與重新取回的知識領域展開搬移的工作。但是，這也意味著探索理解真實的其他形式所提供的種種可能性。這些形式構成的認知模式，長期以來在人類活動的各個領域裡已證明其實用價值：治療、環境方面的知識、技術訣竅、社會、歷史、心理、經濟和農學知識。這些知識確保了非洲社會的生存、成長與恆久。要動員這些知識，就必須探索非洲的宇宙觀、神話、多元文化表現以及語言資源。它將意味著透過非洲文化範疇本身對該文化進行提問。

從這個觀點來看，哲學家馬穆塞・迪亞涅（Mamoussé Diagne）的研究具有其根本意義。他的出發點，是對口述理性（raison orale）進行分析，凸顯其生產、保存、傳遞知識及技術的過程與方式。藉由對口述傳統不同話語（諺語、故事、史詩敘事）的提問，馬穆塞・迪亞涅不僅得以辨識出非洲思想的內容，還能辨識出口述理性在缺乏文字作為儲存媒介或流通知識的情況下如何將之保存並傳遞。在他的《口述理性批判》（*Critique de la raison orale*）[註3]一書裡，揭示了口述傳統核心諸多話語論證的過程[註4]。對於所有口述文明來說，時間都是一種威脅[註5]，因為缺乏物質載體來歸檔儲存，他指出，口述傳統中組織活躍的言說（parole vive）及其書寫（為了固定與傳承）的法則與智力運作過程（processus intellectuels），都無法化約為我們在書寫文明裡看到的那些規則程序。除

---

[3] Mamoussé Diagne, *Critique de la raison orale. Les pratiques discursives en Afrique noir*（口述理性批判。黑非洲的話語實踐）, Karthala, 2005.

[4] 「戲劇化」是傳統非洲言說確保其在歷史變遷中仍能恆久流傳的方式。作為口述文明裡的知識媒介形式，它是主導著口述文明文化遺產之傳遞與歸檔的技術。**難忘**（mémorable）則是一種話語策略用以避免群體文化被遺忘。

[5] Mamoussé Diagne, *Le Preux et le Sage*（英勇與智慧）, Orizons, Paris, 2014.

了研究管理個人與集體知識的生產、歸檔跟傳遞機制之外，馬穆塞・迪亞涅還針對非洲思想及其內容進行哲學反思，這也引領著他超越字面意義的侷限（littéralité），深入探索心領神會的層次。他和博納馮莒・穆維－翁多（Bonaventure Mve-Ondo）[註6] 透過研究，投入圍繞著備受西方對何謂知識的觀點所圈限的認知理論的辯論。他們根據各個文明與時代，凸顯詮釋真實在方法上的多樣性，認知理解的複多性，以及認知論（gnoséologique）和認識論（épistémologique）的相對性。借用西方理性的取徑不過是眾多路徑的一條。穆維－翁多呼籲拒絕以邏各斯（logos）為中心的知識型的排他性，鼓吹不要將書面思維當作掌握理性的唯一模式[註7]。對他來說，一種知識型應該與本體神話學——也就是源自神話與傳統敘事本體論的知識型重新銜接，它並不是非洲思想所獨有，而是來自所有主要以活躍的言說、非書寫性作為思想溝通之載體的社會。除了關注如何對非洲社會現實有更貼切的理解之外，

---

6 Bonaventure Mve-Ondo, *À chacun sa raison : raison occidentale et raison africaine*（每個人有自己的理性：西方理性與非洲理性）, L'Harmattan, 2013.

7 參見 Bonaventure Mve-Ondo 為馬穆塞・迪亞涅*Critique de la raison orale. Les pratiques discursives en Afrique noire*（口述理性批判。黑非洲的話語實踐）一書所寫的序。

藉由開闢其他獲取知識的途徑，這樣的連結亦消除了隔閡並成就認知理論必要的拓展。

在《思考人類》（*Penser l'humain*）一書中[註8]，阿卜杜拉耶・艾里曼・卡恩探詢在人類思想中，要以何種方法，在不落入文化主義或本質主義的情況下，表達這個「非洲的部分」。他明確指出「人類多元的表達都是對同一種所指（signifié）——也就是人——的能指（signifiant）」。在非洲各種知識與實踐中顯露的宇宙概念是，將宇宙視為浩瀚無邊、充滿生命力的存在。它是個整體，而人在裡面是一種展現，眾多展現的一種，同時是個原型，用以衡量一切事物諸如：宇宙、時空、社會組織、世俗或神聖。

人被視為連接天與地的象徵操作者，從這個角度來看，世界遵循某種熵的原理，而它正在惡化，無論人類是否要為此負責，修復世界的儀式構成其意識到這份責任最具意義的象徵行為之一。因此政治權力的本質旨在重建並修復這個秩序。從這樣的宇宙觀引領而出的，是一種人類責任與政治權力作用的概念。

在約魯巴文化裡，世界首先被理解為一個充滿流動

8　Abdoulaye Elimane Kane, *Penser l'humain : la part africaine*（思考人類：非洲的部分）, L'Harmattan, 2015.

經驗的領域，一個有形和無形的破壞力與創造力相遇的空間。神靈、祖先與人類均受到相同法則的支配，且被置放在第四個場景裡（scène），這個場景即是介於過去、現在與未來之間的過渡場域[註9]。沉浸在宇宙裡使我們得以克服此一流動特質產生的焦慮，且對它有更進一步的了解。

世界是個有待辨讀的謎團，以為人類可以破解一切法則並據此採取行動是虛幻的。關於宇宙的理解乃透過心智與現實各種特性來獲致；和宇宙正面交鋒可以讓避免過量的主觀性與客觀性。

在非洲諸多宇宙論裡[註10]，主體的萬能是相對的。它是一個暫時的集合體，由心理與生理元素所組成，遵從蛻變的過程並歷經不同的現實秩序。這些宇宙論對於話語能否詳盡地關照現實及其反映事物秩序的能力抱持懷疑。現實的終極本質超越我們反思與經驗的能力。來自非洲不同文化區域數個社會的思想體系共用著一種生機論者（vitaliste）本體論；對於班圖人、多貢人與塞雷爾人來說，對生命力的崇拜是其宗教行為的基礎[註11]。蘇萊曼‧

9　Bernard Mouralis, in *L'Europe, l'Afrique et la folie*（歐洲、非洲與瘋狂），*op. cit*.

10　而且東方國家亦然（日本、中國）。

11　René Lumeau、Louis-Vincent Thomas對於來自非洲不同地區的幾個口

巴契爾・迪亞涅（Souleymane Bachir Diagne）指出在這種生命力本體論裡，衍生出一種行動倫理：「永遠以強化所有 muntu 生命力的方式行動 [註12]」因此惡即是生命力的衰減，善則是生命力的增長 [註13]。

宇宙論與本體神話學揭示出一種世界觀，並以此為基礎，呈現非洲社會與真實的關係、人在宇宙中被賦予的角色與功能。社會生活的目的、人與環境的關係、政治、宗教的功能都由其衍生的思想體系構成。非洲宗教結合了某種內在本體論與生機論，這些宗教都是普遍性概念的承載者，其特質是不帶有霸權支配的企圖 [註14]。

社會、政治與教育體系可以在五十年間改變：被殖民的非洲正是如此 [註15]。然而來自非洲文化的思想體系、世界觀、認知框架與他們所傳遞的深厚生命哲學，在非洲社會裡連停都沒停下來，還持續運作者。

述敘事的研究，似乎證實了非洲宗教核心中願景趨同的想法。

[12] *Muntu* 指的是「人」（具有智力的生命體），其複數型為 *bantu*。

[13] Souleymane Bachir Diagne, *L'Encre des savants*（博學者之墨），Présence africaine-Codesria, 2013, p. 32-33.

[14] Abdoulaye Elimane Kane, *op. cit.*

[15] Lilyan Kesteloot, in préface de *La Royauté de la mer à Fadiouth : aspects de la religion traditionnelle seereer (Sénégal)*（法久特的海洋王權：塞內加爾傳統宗教的諸多面向）de Virginia Tiziana Bruzonne, L'Harmattan, collection «

這些最初的驅動因子，儘管遭到移植嫁接，作用卻持久而深遠，在這項敞開自我的**再－認知**（*re-connaissance*）工作裡我們要解讀、振興的正是它們。社會的文化與認知框架〔註16〕是歷史進程導致的結果，因而是流動的。它們的演變，或因為該群體在價值歷經考驗後重新協商，或受到外部侵略導致走向極端，比如劇變或是消失。我們的重點在於掌握這些價值的轉變與它們當下的形式。

為了達到這樣的目標，一場認知模式的革命比想像中更必要，它為西方知識傳統霸權的終結畫押，而這可藉由釐清非洲社會承載的各種知識來促成，刻不容緩。馬西亞・澤・貝林加（Martial Ze Belingua）〔註17〕主張透過探索殖民前圖書館（*bibliothèque antécoloniale*）來援引這些認識論源頭（*épistémogonies*），特別是這座圖書館賦予非洲人一種文化與認知資本，儘管某些人的教育程度較低，也能讓他們在以其他規範與技能類型組構而來的體系裡獲

Oralités », 2011.

16 認知框架是一種觀念與意義的系統，它隨著歷史進程而產生，並且藉由將認知資源傳遞給下一代來集體維持之，歸功於這樣的框架，一個群體便能理解並評估其成員的個人生活與群體的集體生活。

17 Martial Ze Belingua, « Économies de la culture, discontinuités discursives, créativité épistémologique »（文化經濟，不連續的話語，認識論式的創造力）, revue *Présence africaine*, à paraître.

得成就（娜娜・本茨 Nana Benz，知名藝術家、非正式經濟企業家）。這個收復的過程，必須伴隨對非洲宇宙論提出理論化批判，選擇其他知識型的自由，以及創造性同化作用整合豐富的異質元素來相輔相成[註18]。

脫離次等地位[註19]

這樣的反思，若沒有思考如何在非洲當今的大學裡轉譯落實則無法得出結論。這些大學（達卡、馬凱雷雷、奈洛比）都是殖民政府的產物。它們不是邁向獨立、替自己裝配工具以解決自身社會問題的非洲國家本身的意志。

---

18 創造性同化作用的概念涉及的是「能聰明地擁有我們期望保留的事物，聰明地拒絕我們不想留住的東西，也就是能夠釐清拒絕的理由」（Sri Aurobindo）。

19 這一小節在很大程度上要歸功於穆丹貝在 *L'Odeur du Père*（父親的氣味）一書裡〈大學，命運為何？〉這一章，以及安博思・孔（Ambroise Kom）在 2003 年 12 月 12 日於喀麥隆布卡大學的公開講座「找回大學，脫離次等地位」（*S'approprier l'Université, sortir de la subalternité*），收錄於 Ambroise Kom, « Le devoir d'indignation : éthique et esthétique de la dissidence »（憤慨的義務：分裂的倫理與美學），Les Cahiers, Présence africaine, 2012.

這些大學從建立以來,即不曾經歷太多深層的結構變化,儘管有越來越多的非洲教師、研究員在裡面做著這份神聖的職業。除此之外,他們也不太融入周遭社會文化環境。其課程內容以西方母校為藍本,變化可說微乎其微。安博思‧孔強調這樣的大學是延續霸權的一種特權工具,因為他們正是在這個地方培養出複製並延續外部製造的非洲觀點代理人,他們要的就是在這個場域打下根基延續其統治。權力與再現(représentation)有著根本的連結[註20]。殖民強權打造這些大學的宗旨,即是讓它們成為殖民文明計畫中最輝煌的成就[註21]。

實際上,殖民強權藉由在非洲成立大學,制訂它期望呈現的宗主國形象與非洲形象:一個處於次等地位的形象。殖民大學使殖民者得以在其敘述裡將他者放入低人一等的位置,使他們以為與殖民者的依賴關係有其必要性;而且反向傳輸給他們一個神話化的殖民者形象,同時透過

---

[20] John Beverly指出「權力與再現有關,各種再現都具有認知上的權威並確保霸權,而所有權威都是霸權式的」,*Subalternity and Representation Arguments in Cultural Theory*, Duke university Press, 1999.

[21] Félix-Marie Affa'a et Thérèse Des Lierres, *L'Afrique noire face à sa laborieuse appropriation de l'Université. Les cas du Sénégal et du Cameroun*(黑非洲收復大學的艱辛之路,以塞內加爾、喀麥隆為例), L'Harmattan / Les Presses de l'université de Laval, 2002.

對被殖民者歷史與文化的斷章取義將之貶低。國際大學的合作也以同樣的模式運作。非洲科學研究大部分都受制於外部資金，因此科學上的時程規劃也由外部訂定。非洲研究者因此發現自己陷入訊息提供者或承包商的處境，處理的都是不屬於其認識論優先考量的問題或假設。在這樣的情況下，透過這些外部建構而來的理論，要如何為非洲年輕人呈現出屬於他們的正向代表性，更何況這些理論的目的正是為了讓他們待在次等位置裡？要如何讓他們在不被異化的情況下能重塑自己？

每個國家的大學課程及研究都有必要根據其政治、經濟、文化與社會的需求做出適當調整。為了大學的屬己化（appropriation）與具有產能的本土化，涉及的不僅是單純改革承襲自殖民時期的體系，更要澈底將之解構，如此才能為一所新的非洲大學建立基礎，回應其社會的要求[註22]。這種解構可藉由將歐洲去神話化來進行，其策略旨在重新奪回自身在世界的存在。

為了加速一個世界的終結、鬆綁自身束縛並脫離西

22　我們可以在一些較新的非洲大學裡看到在地化的嘗試。加斯東・貝加大學（L'Université de Gaston-Berger）在2011年創立了「文明、宗教、藝術與傳播系」，目的就是探索非洲社會產生的各種知識並在大學裡傳授。（譯註：本書作者費爾文・薩爾於2007-2020年間在這所大學任教，

方，我們必須透過顛覆與反動的策略[註23]，發展出屬於自己的話語及自我再現，贏得這場關於再現的戰爭。而這個過程會經歷的階段包括重新賦予自己選擇的能力、面對他者時能決定要保留什麼[註24]。擁有真正選擇權的條件，意味著確實有替代性方案的存在，使選擇成為一種自由、具備共識的行為。為此，當務之急便是在奪回非洲知識詮釋權、口述理性、殖民前圖書館，以及世界其他地區的知識圖書館等事務上挹注大量資源。

　　大學只有在盡可能為解決非洲社會的矛盾做出貢獻，並在創造新的社會型態方面盡其義務，才可能完全屬於非洲[註25]。而非洲大學將透過這樣的方式回應諸多社會轉型的需求。這也涉及知識如何在非洲社會的社會體當中傳播的再思考，也許將知識去學院化正是個方法。

2011年成為該校經濟管理學院院長及上述新增科系文明、宗教、藝術與傳播系的系主任。）

[23] Homi Bhabba, « The postcolonial and the postmodern », *The Location of Culture*, Routledge, 1994.

[24] 安博思・孔強調，中世紀時由歐洲人所創造的大學模式在美國人採用之際，已經過一次轉變。而亞洲人儘管受到美國大學體系的影響，也根據他們特有的需求打造出適當的模式。

[25] Valentin Yves Mudimbé, « université, quel destin ? » in *L'Odeur du Père, op. cit.*, p. 101.

揚帆

啟航

2015年馬利的文學開學季，亞伯拉罕・艾雅（Ibrahima Aya）[註1]邀請我參與開幕之夜，針對當年的主題：「敢於重塑未來」發表我的看法。「敢於重塑未來」這種說法，本身已經引起某種顧慮。肯定這樣的意志，已假設在「投入」重塑之前要擁有一定程度的膽識與能量。這種壯膽式宣告背後，流露著對這項巨大工程的某種遲疑，這也解釋了「敢於」一詞的使用。重塑未來並不是件想當然爾的事。這項工程需要一點莽撞。它指的是再創造一次，因為未來似乎已經產生了。未來的場所與空間，通往它的道路與可以放牧的草地，都已清楚標示出來。它的理想形象在西歐與北美都可以看到；至於對那些無法進入保護區的人來說，電視則提供了它**忠實的**倒影。

聽完與談人的想法與接續的辯論之後，薩米・查克[註2]，簡潔地以一句話總結現狀：「我們什麼時候才能停止把他人的過去當作我們的未來？」的確，大多數重新創造未來的提議都採用了西方現代性與進步的想像。舒適、

---

[1] Tombouctou出版社社長，馬利文學開學季的主辦人。
[2] 薩米・查克（Sami Tchak）是現居法國的多哥作家。他的著作有 *Place des fêtes* (Gallimard, 2001), *Hermina* (Gallimard, 2003), *La Fête des masques* (Gallimard, 2004), *Filles de Mexico* (Mercure de France, 2008), *La Couleur de l'écrivain* (La Cheminante, 2014).

技術的掌握、大眾消費、在經濟上以奮起急追的形式「發展」。簡言之，這往往是對歷史交付給我們的某種社會組織形式既蒼白且通常十分粗糙的模仿。我們所設想的未來從來不曾超脫這種熟悉的形式，所有人都被它深深吸引、五體投地。這些憧憬某部分是合理的；幸福感、舒適等等。其他部分則是現代世界製造出相同欲望的威力（或我們稱之為全球化過程）帶來的結果。

潘卡伊‧米斯拉（Pankaj Mishra）[註3]分析了全球南方對西方這種渴望的根源，其中包括系統性地擁護北大西洋諸國的社會、經濟、文化與政治形式，並為它們犧牲自身社會豐富的獨特性。

在經濟層面，從2000年代中期以來，非洲大陸已浮現無數個未來經濟願景。阿利翁‧薩爾從中清點了約一百個。目前在五十四個非洲國家中，只有七個沒有長期經濟遠景[註4]。非洲最近似乎轉向策略性規劃。這在近年來大

---

[3] *The Romantics* (Picador, 1999)；*Temptations of the West : How to Be Modern in India, Pakistan, Tibet, and Beyond* (Picador, 2006)；*From the Ruins of Em-pire : The Intellectuals Who Remade Asia* (Farrar, Strauss and Giroux, 2012).

[4] 阿利翁‧薩爾（Alioune Sall），非洲未來研究所（位於南非普勒托利亞）所長，這是他於2015年6月9日在達卡舉行的非洲社會科學研究發展委員會（CODESRIA）大會中一場講座：找尋意義的非洲（L'Afrique en

部分非洲國家制定的眾多經濟崛起計畫裡即可證實。非洲聯盟的《2063年議程》便是近期可見的一個例子。該趨勢似乎反映出重新奪回自身的經濟命運，將它掌握在自己手裡的渴望，但情況未必總是如此[註5]。2000年的時候，國際金融機構比如極具分量的世界銀行，訂定了千禧年發展目標（OMD）：將貧窮減少一半以上、提高識字率等等。這些目標成為所謂發展中國家經濟與社會規劃的框架。這種提議儘管表面上看來十分慷慨（誰會質疑對抗貧窮的必要性？），實則不過又是一次挪用其未來目的性的表現。從此以後，所有**發展中**的國家即圍繞著這些共同目標，聚集在一起，這些目標替他們共同的處境蓋章認證——貧窮的國家，其必要發展落後於所有現代國家。這些國家被督促要在十五年內取得進展，並在命運到來之日接受評估檢視。老師們會檢查這些學生有沒有好好學習，特別是有沒有好好應用所學。不，這當然不是說健康、營養、教育等問題就不該關注。但這裡也一樣，其實應該由

quête de sens）提及的。

5　阿利翁・薩爾指出，在1960至1990年間，關於非洲的前瞻性研究只有十項（其中五項為具有區域性，另五項則具有國家性），而且大部分均由國際研究機構主導。自1990年代以來，情況有所轉變，國家級的前瞻性研究數量亦隨之上升。自2010年以來，這個領域的面貌更是澈底煥然一新，關於非洲大陸的前瞻性研究超過了一百項。

所謂發展中的國家自行決定他們的計畫、優先考量為何、執行的時限和目標。已經承受了數個世紀以來的貧窮怎麼會一夕之間變得難以忍受,還必須在十五年內減少一半以上。

這些策略性規劃的優勢是提供某種未來的經濟願景,以及針對短期、中期與長期目標擬定方法,使之得以擺脫且戰且走的狀態,或避免被互相矛盾的各種風向推著走。與此同時,我們可提出的批評是它們缺乏膽識與原創性。這些願景多半採用新古典經濟學的基本假設,且試圖在不做區隔判斷的情況下,應用在非洲國家的發展軌跡上。除此之外,大部分的策略性規劃都力求盡可能打進全球化,彷彿後者是中立、可以使之獲益的。然而就目前的狀況來說,全球化對他們是不利的,而這牽涉到體系組構的方式。若希望從中得到好處,就必須從根本上扭轉其原則或與它重新談判彼此的關係,在這樣的過程裡選擇對非洲國家有利的切入方式。

就象徵的角度而言,問題來自不加批判地重新採用崛起的概念,這個概念呼應羅斯托 [註6] 在經濟成長五階段

6　羅斯托(Walt Whitman Rostow)提到的經濟成長五階段為:傳統社會、起飛的先決條件、起飛(take-off)、成熟階段與大眾消費時代。這種對於社會進程的線性與進化觀點引起廣泛的批評。如今它已是經濟思

中「起飛」的階段。該術語學確認了一種觀點，即非洲大陸被**淹沒**了，它的頭在水底下，必須先讓它從波濤洶湧中浮出來才行。我們甚至尚未討論學習游泳，這可能已預留給發展的另一個階段了吧。

在此，我們再次目睹現象學式的簡化又把非洲整體社會化的現實縮減到只剩下經濟層面的缺陷。從文明、文化與精神的角度來看，許多長久以來已經嶄露頭角，或者已經起飛的國家，也同意它們陷在淹沒狀態的想法。但也許它們根本就居住在平原和高原，地平線那一端沒有任何海的輪廓啊；它們若要冒出頭，也應該從自身的表面浮上來才對。同樣地，若沒有經過重新概念化的努力，那些在經濟上揚帆啟程的嘗試，實際上只是把小船帶回原本綁住它的港口，無法解開將它綑縛的意識型態纜繩。

展現自身未來的隱喻必須以來自非洲文化的概念為基礎，這些概念訴說更幸福、一起活得更好的種種，特別是反映出社會群體如何設想個人與集體所謂好日子應有的形式。烏班圖及其社會倫理便是一個例子，*noflay* 或是 *tawfekh* 喚起的是塞內甘比亞與西非文化中，伴隨著內心祥和與寧靜的幸福概念。

想史中的一部分。W. W. Rostow, *The Stages of Economic Growth: a Non-Communist Manifesto*, Cambridge university Press, 1960.

盧安達推行社會創新的時候，已實驗過這種概念的內在生產。例如，將區域首長與人民透過績效合約連結，這種概念被稱之為 imihigo，這個字眼在盧安達語代表的是「對群體的承諾」。盧安達戰士赴戰場之前，會在群體面前進行 imihigo，承諾會展現勇敢與英雄的行為，並在歸來時帶回證據。這些概念無論來自盧安達深厚的文化底蘊或透過當地語言轉譯而出，其優勢在於更容易被人們所理解，尤其這對他們來說有意義，因為跟他們的意義系統深刻共鳴。於是，他們成功地投入社會轉型的進程，感覺自己是積極的參與者，因為他們與這些意義有所連結，是意義的共同生產者。

完滿形式（formes achevées）的誘惑

在非洲當代話語裡，我們可以發現兩種互相矛盾的傾向。一方面渴望產出帶有獨特標誌的論述，另一方面則渴望藉由擁抱世界、全球化時代的度量與形式而成為其中一分子。這種傾向凸顯出所謂完滿形式的誘惑。該誘惑指的是我們想從最好的實踐來刺激靈感，而不是在已經知道輪子很有用的地方重新創造出輪子。它同時凸顯出一起繼承人類共有的文化與知識遺產的意願，好證明自己原本也是共同生產者。這種完滿形式的誘惑亦是參與共同未來

的渴望，隨著全球的躍進，跟那些勝利的多數處在相同的思維邏輯裡，希望自己的和絃與他人的曲調和諧共鳴，渴望身在那張全家福相片裡，穿得跟所有人一樣。非洲一些流行樂團在美國音樂排行榜上「大放異彩」，只因為他們在音樂裡簡單注入那麼點「非洲旋律與節奏」，尤其這些音樂都已格式化為國際標準，這個例子即彰顯出這種傾向（比如P Square樂團等）。而在光譜的另一端，Wasis Diop的音樂，誕生於西非的宇宙，讓多重宇宙與各個世界產生對話。她將自己的詩放入沃洛夫語以及薩赫爾地帶的想像，讓彼此緊緊相繫［註7］。她的音樂旋律充滿召喚的力量與感官的澆鑄，創造出各式象徵符碼（signes），而非洲在她的音樂裡，藉由訴說著它的美與神祕，讓人想起宇宙。

與此同時，在象徵符碼與形式中展現獨特性的渴望，或許可被視為在施與受（這個概念對桑戈爾來說是如此珍貴）的聚會裡不想空手出席的渴望。帶著一份食物獻給一起參與公共宴會的賓客們。帶到那裡去吧，在自己的袋子裡，裝滿辛勤工作換來的收穫，那些水果從埋在土裡

---

7 譯註：沃洛夫語（wolof）的使用者主要遍布在甘比亞、塞內加爾、茅利塔尼亞的沃洛夫人。薩赫爾地帶從非洲以西大西洋延伸到東部的衣索比亞高原，橫跨了至少十四個非洲國家。

的種子長成,歷經風土的洗禮,因而出現如此獨特的香氣。要求追回非洲的獨特性,凸顯受到認可的渴望——非洲的臉孔對於勾勒人類經驗的面貌是有貢獻的。這是一種建構普遍性的心願,這一次因為匯聚所有個體、因為安居在屬於自己的天地而顯得富饒無比,因為我們從裡頭也認出自己的象徵符碼。

若只是把所謂完滿形式在政治、城市建設、社會、司法與經濟實踐上重新採用並複製一遍;認為它們可證明這種事物已有其定型、最終形式的想法;認為世界即將完美;認為只要「跟著這個世界的腳步與節奏」[註8]就夠了。這種模仿會麻痺人心且是致命的。它意味的是 *poiésis*（創造力）的終結。相當於一種截肢,對於人類與生俱來即有的創造能力的抹除。

發展、民族國家、代議制民主制度型態、城市的面貌等,這些符合社會組織、政治與經濟調節形式的提議,都是每個社會在其歷史進程裡,歷經長時間的試錯篩選得來的結果。對於後繼者而言,其優勢在於不必重複這個過程來做出好的選擇。這種邏輯在技術科學領域亦有效,因為新發明更容易複製。對社會動力而言,此處的謬誤在於

---

8 Aimé Césaire, *Cahier d'un retour au pays natal*（返鄉札記）, Présence africaine, 1956.

錯把目的（完滿形式）當作手段。要穿上為他人量身訂做的緊身衣，社會是不肯的。這種排斥，說明了儘管一再強迫，移植的東西就是難以生根。那麼多政治、社會與文化制度，如果不是從內部生產而來的結果，不是透過社會本身的新陳代謝來進行的必要合成作用，繼而臻至成熟，那麼我們會觀察到在官方框架以外那種自行組織、依循自身邏輯的真實生活，會再持續好一段時間。

為了孕育出自身當代性的各種形式，制度創新是必要的。巴多・恩諾耶（Bado Ndoye）指出 [註9]，卑躬屈膝地模仿那些毫不考慮當地文化現實所建構出來的政治模式，只會導致外向性（l'extraversion），也就是異化。相反地，一種充分獲得理解的政治現代性，總是由內在生成的動力所驅動，且能與人類對自由和尊嚴諸多普遍要求協調無間。

9　Bado ndoye, « Cultures africaines et modernité politique : entre politique de reconnaissance et exigence d'universalité »（非洲文化與政治現代性：介於承認的政治與普遍性要求之間）, revue *Présence africaine*, 192期, 2015, pp. 99-114.

非洲邦

(Afrotopos)

未來就是那個尚未存在的地方,但我們可以在心靈空間裡塑造它。對於社會來說,必須針對這個地方進行前瞻性思考。我們在當下努力以促成它的到來。非洲邦,即是非洲獨一無二、無法歸到任何範疇的所在(atopos):一個即將到來的非洲尚未住進去的地方。我們必須將思考與想像灌注其中。在構成人類社會時間性的各個段落裡,未來是我們藉由構思、賦予其形體來充分涉入的階段。只要社會設想構思其未來,懷著遠見並在當下採取行動來改變現實,即完全不必屈服於歷史宿命。

思想、文學、音樂、繪畫、視覺藝術、電影、電視劇、時尚、流行歌曲、建築與城市的衝勁都是描繪、構思個體與社會未來生活形式的空間。明日的世界正在其中萌芽而那些徵兆都是我們現在能夠解讀的。

小說可能是最能夠表達當代非洲存在狀態的場域,我們從中可看到其集體存在與個人命運獨有的體驗,以及他們的夢想與投射。奇努阿・阿切貝(Chinua Achebe)訴說殖民經驗形成的世界末日。阿瑪杜・庫魯馬(Ahmadou Kourouma)和阿利烏・梵圖雷(Alioum Fantouré)寫出獨立的幻滅,切克・哈米多・凱恩(Cheikh Hamidou Kane)和瓦倫丁-伊夫・穆丹貝讓我們觀察到人的意識在不同文化中擺盪的拉扯掙扎與模稜兩可。盧安達圖西族遭到大屠殺的陰影與奧祕難解,以及布卡巴爾・鮑

里斯‧迪奧普運用沃洛夫語捕捉的複雜現實與詩意。

肯‧卡布爾（Ken Bugul）揭示女性從父權秩序與西方的誘惑中解放時所面對的生存挑戰。埃曼紐‧東加拉（Emmanuel Dongala）講述起源之火的噬痕。而從古老的源頭（特別是從埃及）汲取靈感重建出一種非洲精神意識的，是阿伊‧奎伊‧阿瑪。

年輕一代的非洲作家，他們處理的似乎是更內在、更個人、更存在主義式的問題：自我追尋、混種狀態、個體化與內在自由。我們想把他們跟那些理應更能傳達出 *vox populi*（人民的聲音）與群體靈魂的前輩相互對照。然而不管他們各自做出什麼選擇，政治的、社會的或內心私密情感的都好，其作品都展現出非洲個人與集體的生活經驗。只是場景與視角的差異。那些最私密個人的提問裡有其社會脈絡為背景，反過來說，社會議題亦見證了個體命運種種內在張力。奇瑪曼達‧恩戈茲‧阿迪契（Chimamanda Ngozie Adichie）在《半輪黃日》（*L'Autre Moitié du Soleil*）裡，以社會與政治為歷史背景，完美演繹了個體命運的戲中戲。她同時在作品裡，探索如何居住在多重世界、遊走於奈及利亞與美國兩岸之間。寇西‧艾夫伊（Kossi Efoui）揭示未來之日的陰影，並在濃烈又詩意的語彙裡安置想像空間。娜菲薩圖‧迪亞‧迪烏孚（Nafissatou Dia Diouf）解碼非洲城市性的核心裡個體存在

的拉扯，探詢非洲與西方認知資源的合成。塞萊斯坦・蒙加（Célestin Monga）思索他者性（l'altérité）、輕便的身分與差異倫理的條件。

散居海外各地的非洲作家從他們流亡的他方凝視這片大陸。他們的落腳處引領他們思考合成文化、游牧與循環的身分，但同時也讓他們嚮往、幻想非洲。他們都是這片大陸延伸出去的產物，這些插條在別人的土地上生長，受到其他汁液的滋養。阿卜杜拉赫曼・瓦貝里（Abdourahman Waberi）想像一個強盛而繁榮的非洲，周圍聚集了貧困的歐亞人與美國人，期望能在其中安身立命。萊奧諾拉・米亞諾（Léonora Miano）思考非洲，計畫在這裡以它的光明與黑暗面打造出我們的人性，但她也同時以記憶、遺忘與朦朧的回憶為本，探討在歐洲土地上身分的新建構。這樣的非洲，將目光投向遠方，對於即將到來的非洲該如何建設，有自己的話要說。它見識過世界其他所在，知道我們能夠且應該帶給它的種種，以及相對地，它能給我們的啟發。

設計與時尚，這些都是非洲人揮灑其形式創造的才華，淋漓盡致展現其綜合、再利用與改造天賦的領域。非洲設計師不招搖不大張旗鼓，他們汲取當地源頭活水，結合借鏡自其他地方的形式而創造出非洲當代美學，在兩者和諧交融之中解決了文化合成的問題。阿爾方迪

（Alphadi）的時裝設計、賽麗・拉比・凱恩（Selly Raby Kane）的電影作品，一個流著古典的血液，另一個則是果決的未來主義，見證了他們兼容並蓄的能力與非洲大陸的音樂人不相上下。非洲性是一種流動的意念，沒有哪個先驅能夠給出一勞永逸的定義。它是諸說混合的交融現象，在此唯一的任務便是產出功能性與美。

非洲邦是這個充滿可能而尚未實現的空間，但是沒有任何克服不了的困難能阻擋它的到來。現實與可能之間存在著連續性。只要找到後者的藏身之處；移除其障礙，思考並著力於實現它的條件就可以。限制始終是精神上的。第一個突破是設想世界蘊藏的可能，比我們活動現實裡未瞥見的還要廣闊。

世界總是等待被重新創造、臻至完美。萬物都有再次新生的起源。形式未完成的永恆需要持續重塑。在此，塞澤爾的詩歌是彌足珍貴的資源[註1]。他對我們勸說著，永遠不要認為人類的作品已完成；請活在遼闊的思想世界，不要將自己侷限在狹隘的觀點裡。把省下來的最後一滴水帶到太陽最遙遠的分支，帶往黯淡的島以及沉睡的火山……

---

1 « Cahier d' un retour au pays natal »（返鄉札記）與 « Calendrier lagunaire »（潟湖之曆），收錄於 *Moi, laminaire*（詩集《我啊，昆布》），*op. cit.*

非洲城市：

可能性的配置

城市是人類最傑出的作品。它是個人與社會生活開展與串接連貫的空間。是人群大量聚集的所在。這是個經過配置的空間，著眼於居民的利益，整合串聯了共同生活的需求：安全、教育、經濟、交通運輸、群體生活要求的各種活動。從實用的角度來看，它意味著將社會生活必要的活動以最佳組織方式集中起來。然而城市不僅僅具有功能性，還是朝著社會、政治與文化目標進行一場集體冒險的場域。裡面存在著凝聚一體的概念[註1]。

　　目前，有4.71億人口，亦即超過45%的非洲人居住在城市。到了2030年，拉哥斯預估城市會有兩千五百萬居民，金沙薩一千六百萬、開羅一千四百萬、達卡五百萬。非洲的城市化速度比其他洲別都來得快，而空間、環境、人口與安全等挑戰紛至沓來。要處理這些問題必須要有一份城市規劃，管理空間、水、能源、固體廢棄物和交通運輸等面向。

　　關於城市的解讀可以是技術（都市規劃、整治）、社會與象徵層次上的。它可以被視為一個地點[註2]、一片

---

[1] 社會體不只是構成它的所有個體總和，還包含一起生活的共同規劃，一個不僅著眼於功能性考量的政治規劃，我們甚至可以說一座城市即是打造理想城邦的一個建設計畫。

[2] 地點是個各種元素以共存型態分布的一個空間。其元素彼此的關係通常是固定的，而位置的配置結構不變。

領土 [註3]，同時是種迴圈或有機的整體。城市這副身體是活的，正身在成長蛻變的過程裡。非洲的城市都是領土，其中的配置經常是流動的。而目前正在進行的是社會、文化與人口的重新配置。城市承載的這些動力不僅跟生活其中的人，更跟居住其中的人的世界觀緊密連結。

在此，我們比較不是將城市視為上層建築（它本身確實是），而是將之視為意義的產物，其蘊藏的意義點出我們的社會與政治現實，但更說明了我們的想像與投射。

漫步非洲城市

當我漫無目的旅行著，置身在非洲城市裡，觀察它們的風情、城市化的趨勢、氛圍的時候，會興起一種它們正在找尋一張臉的感受，它們還沒選擇自己真正的身分，它們隨風擺盪，受制於某種形式的動力或某種現代性的渴望，困在已逝的過往與謎團尚未解開的未來之間。

有些城市一開始就被當作一個整體來規劃，通常新

3　領土的定義取決於在其中可能開展的所有動態，是個流通的空間。

興的城市便是如此（像是杜拜）。有些城市高高聳立（塞利納即這樣形容紐約）[註4]，而埃梅・塞澤爾大概會這麼說起馬丁尼克法蘭西堡：「平坦鋪展的城市、方向失衡而跟跟蹌蹌的城市、死氣沉沉、氣喘吁吁，與動物、植物都失去連結的城市」。但是世上也有如羊皮紙般反覆被複寫的城市，在這類城市裡有多重動態、多重層次彼此交疊沉積。我覺得這個特色是非洲城市最大的交集。這些城市儘管具有多樣性，但我們在其中獲得的感受，首先是密度，城市裡流動著一股強勁的能量、生命力滿溢、動力十足、嗡嗡轟轟隆隆，以及創造力，但同時也有混亂、壅塞、狹隘、窒息，某種對未來該是什麼形式的舉棋不定，有時甚至不合時宜，還有多重世界的當代性；多個時代交錯並肩、多樣建築風格、多種打造公共空間的方式，介於城市與鄉村之間、異種紛陳⋯⋯

在博博迪烏拉索（Bobo Dioulasso），一開始你便會注意到紅色的土地跟雨季的潮溼，摩托計程車（Zémédjan）隆隆引擎聲、小酒吧林立的氣氛、市場、林蔭大道預言著一座未來城市正在興建成形。這一切讓人

---

4 譯註：見塞利納（Louis-Ferdinand Céline, 1894-1961）的小說《長夜行》（*Voyage au bout de la nuit*）。

對布吉納法索這個國度興起樸素刻苦但默默萌芽生長的印象。盧安達的基加利則是井然有序的城市，乾淨、認真維護的綠地、建築工地明確區隔、公共空間規劃良好、市民守規矩、攤販嚴禁在人行道上擺攤。這裡就連巴士站也不嘈雜俗豔，而是嚴謹一絲不苟。山區限速是每小時八十公里，自然景觀美不勝收。然而這座城市就是缺了那麼點瘋狂與意料之外。

白色之城阿爾及爾散發著老派的優雅──牆面斑駁剝落的房子、從不停下來的計程車、兩旁都是公共建築的寬敞大道，而拐個彎，老城、傳統市場、露天市場（souk），宛如進入另一座城市、另一個時代，有著從藍色眼眸深處凝視你的地中海。

要進入馬利塵土滿天的巴馬科（Bamako），需要像古城一樣經過一扇門，接著是又長又寬的馬路，蘇丹薩赫爾式建築 [註5]，從幾座跨河而建的橋上可俯瞰流水悠悠，街區的名字如哈馬杜拉（Hamdallaye）[註6]、吉科羅尼（Djicoroni）令人無限懷想。茅利塔尼亞首都諾克少

---

5 譯註：蘇丹薩赫爾式（soudano-sahélienne）建築，由混合了稻稈、稻殼與浸過乳油木果油的黏土的班科磚（brique de banco，意指「泥磚」）打造而成，主要見於西非馬利從前法屬蘇丹地區。

6 譯註：哈馬杜拉（Hamdallaye）意即「讚頌真主」。

（Nouakchott）則是一座「平坦鋪展」的城市，開放通風，人口密度不高，一樣是白色之城，延伸出去就是沙漠與流沙區域。阿必尚是潟湖城市，散發著自豪與奢華的氣息，基礎設施極為完善；它的城市化以整體的思考來進行，本身多少也有一點政治衝突的印記，但是正邁開腳步取得新生。

棲身大西洋的門面，達卡是座喧囂騷動之城，如羊皮紙般反覆被複寫的城市原型。多層次的沉積使它擁有現在這張臉。在它一半傳奇一半神話的歷史裡，混雜著被殖民的經歷。這是一座持續自我創造的移動城市。然而僅管靠近大西洋，它卻沒有肺可以呼吸，綠地極少，令人窒息。這座城市永遠都在建設中，來自各國的移民已經它重新規劃配置。這些移民（來自義大利、法國、美國）成為街區的創造者，他們獨特的美學勾勒出這座城市的新面貌。社會、人口與經濟動力層層疊加，打造出一座未曾想過、未曾夢過，以混亂無秩序的方式發展的城市。

夢想之城：投射未來的所在

歌手強尼・帕切科（Johnny Pacheco）預言達卡在

2000年將會跟巴黎一樣。顯然事實並非如此,而這是極好的事。非洲大陸的當務之急是重新找回自己的運轉。這與複製一個蒼白的巴黎、柏林或紐約無關。羅安達（Luanda）、拉哥斯或是奈洛比也不必像杜拜、新加坡或上海。我們的城市應該跟我們相像並傳達我們選擇的共同生活方式（前提是我們已經深刻思考,並對於我們是誰,特別是我們要什麼已有解答）。我們在世界獨特的存在方式,定義著我們的身分,而它應該體現在我們的城市外貌上。將這些獨有的存在模式銘刻在空間裡是建築師的工作,這份工作的高貴便在於構思出各種複雜的形式並將之實現。

除了對功能層面進行必要的處理之外,我們還得對自身的城市進行美學、社會與哲學的反思。我們的建築師必須成為薩赫爾,成為沙漠、山脈、稀樹莽原的建造者。當他們的藝術與他們投注心力的所在地之文化、社會、氣候、人文及自然地理連結時,其意義將完整而飽滿。在這個環境問題成為關鍵環節的時代,我們可以思考一種「整合」（intégrative）、開放、尊重環境、資源消耗量低的城市概念。這意味著善用自然資源,透過太陽能來照明、加熱,使用生物氣候材料（matériaux bio-climatiques）、傾斜牆面讓信風通過,旱季則散熱涼爽。重新取回歷史主動權,即是透過反映出其特色與世界觀的式樣打造自己的

城市。

　　成為城邦（Cité）以前，城市，是個體開展其生活的空間。就這個層面來說，建築師規劃我們住所內部時，必須考量到我們的生活方式（這與我們的文化緊緊相繫），讓我們在其中活得自在盡興。

　　這意味著要讓城市成為我們建造的文明展現的空間，我們讓石頭、建築的色彩發聲，區隔封閉與開放空間，援引線條與形式的語彙：水平召喚深邃、寬廣與遠方；垂直的尖聳與逃逸到無窮遠的線條指出揚升的憧憬。當然我們需要個人與社會生活的場所，但我們也需要讓心靈得以獲得庇護與茁壯的地方。在我們的城市與住所裡，規劃一些獨處的空間，讓私密的內在得以重新感受存在世上的我們本質的振動。這些空間都需要純粹的形式，有時幾何抽象，有時繁複纏繞好展現我們成長的途徑脈絡。

　　我們需要記憶所繫之地、博物館、非洲設計師打造的空間路徑，好讓我們經歷與設想的歷史更具體。我們同時需要文化、社交與共同生活的場所，而群體便在其中成形。這個夢想，城市裡某種非洲的願景，或許可像是迦納的建築師寇比納·班寧（Kobina Banning）想像的一座桑科法花園城市公園（*Sankofa Garden City Park*），就位於迦納第二大城庫馬西（Kumasi）的中心，在那裡可以享受非洲城市的終極體驗：圓形劇場、商家攤位、城市交通

網、急救中心、本土植物園、冥想或禱告的空間⋯⋯。

儘管是虛擬的，這種建築卻深植在迦納文化裡。班寧在提出這個想像之前，花了好幾個月的時間進行觀察，思索住在昔日阿散蒂王國首都裡的三百六十萬居民如何運用他們的城市空間。「從前，庫馬西曾經被稱為花園城市，而這個計畫將傳統非正式空間當作審視未來的起點。」Sankofa 這個詞彙是其概念的核心：「以過去為養分更能邁步向前」。班寧不同於其他只注意到非洲城市的混亂、毫無章法的人，他深信這些城市以它們的方式運作著。他想在將它們投射到未來之前，掌握這種「有組織且巧妙」的混亂。

將流動性、可移動性、不穩定性、重構的可能性等概念合為一體：挪移物件常規的用途。掌握城市有組織且巧妙的混亂，它的運轉有自己的方式，理解其中的邏輯與意義，並透過最有效率的方式將它說出來。同時，在打造我們的城市之際，留下一些充滿創造力、未完成、象徵可能性的空間⋯⋯

打造一座不會抓傷天空的城市，並不意味沒有雄心壯志，而是因為居民優先選擇那些相遇、生活與自由自在的空隙。這裡，建造就從破除開始──破除模仿，破除自我逃避。

自我的存在：

真正的增量

真正的增量與創造的條件,首先是紮根,讓自己變得更古老,同時更新穎。在這樣的關係之下,記憶、歷史、與身分的多重來源和解,不過,除舊布新、篩選的工作也是當務之急。然而若不重新釐清與自己的關係——這份關係受到數個世紀的異化干擾,這項工作勢必無法展開。其重點便在於重新將自己視為自己的中心。在非洲人如何產出敘說自身的話語及選擇其主要受眾的形式裡,必須有根本性的改變。確實,運用自身被否定的基礎——亦即種族與領土,來肯定一種文化、一種文明,在某個時代是必要的手段。反殖民主義者運動、政治、文化的運動,比如黑人性運動[註1],都是反對種族歧視與殖民主義的抗爭場域,在一個否定其存在、貶低其文化,或試圖將之禁錮在共同人性邊緣某種極端他異性的世界,藉由肯定非洲人作為文化與文明之生產者的尊嚴,這些運動完成了它們歷史的使命[註2]。

---

1 譯註:黑人性運動(la Négritude)是1930年代以塞澤爾、桑戈爾及達瑪斯(Léon-Gontran Damas)為首提出的文學政治運動,黑人性(négritude)一詞指的是黑人擁有自身的文化價值與特色,有其自身的文化歸屬與認同,藉此克服歷史傷痕,拒絕殖民主義,來自西方、歐洲的種種文化、知識、種族或道德上的霸權。

2 儘管可以對這些運動有諸多批判,特別是他們使用殖民人類學的分類

如今，我們必須翻轉的就是這些辯論的字眼，不要繼續在狹隘的框架裡推敲各種答案，回答那些一個世紀以前就已經提出、且偶爾還繼續被提出的問題。說得簡單一點，就是不必再自我辯護[註3]：不再需要回應各種命令，在反抗與肯定的辯證之外，藉由一種創造性模式，來闡述非洲對文明的主張。透過自我存在的自由模式來肯定我們在世界的存在——以最大的強度存在著，表達自我、對世界提出自己的朝氣蓬勃。

　　為了豐富世界的思想，我們得避免身分的封閉性與對永恆的幻覺，有人在我們耳邊低語，去玩「成為」、「交流」與「互惠」的遊戲。叮囑我們接受自身的混種性，並培養對自身處境的反思態度。**雜交**（*Métissage*）、**混種**（hybridité）、**克里奧性**（créolité）[註4]，想當然爾。

來捍衛他們的立場，而且他們那些關於非洲的論述生產，其實是西方論述的鏡像複本。黑人性運動建立了一種必要且在當時應說出的回應。

3　每一次，只要提出了哪個聲稱非洲的文化主張，本質主義或非洲大陸文化多樣性的幽靈就會冒出來，不讓它擁有這個名字。然而，若是提到亞洲、非洲或美洲具有其文化特殊性，卻沒有人覺得有何不妥。我們輕易地承認有亞洲或中國文化，或是有歐洲、有德國哲學。而且在這些例子裡，沒有人會去質疑所謂德國、中國或亞洲的特殊性是什麼。就算這些文化都不斷地變化也不會造成問題。

4　譯註：克里奧性（créolité）是1980年代發生於馬丁尼克的一場安地斯

我們其實知道所謂純種的文明是不存在的，所有的文明始終是混種。文明的混種性不是衍生導致，而是原本如此。它是形塑一個整體的各種元素在製作轉化、濃縮積累的過程的開端。文明的智慧，在於它將數個供它所用的互補世界整合起來的能力，將之整合到某個 *telos*（目的）裡。對非洲而言，我們應該思考、定義的正是這個目的。非洲對自己和人類有什麼計畫？

同樣地，在這樣的角度下，非洲必須替自身的混種性添上顏色。所以我們必須在混色盤裡選出主色調，因為這個色調已然證明對它的計畫來說是最適合的。因此重點不在於以克里奧性為藉口不做選擇，而是建立起自己的聲音。所有真正的**在場**（*présence*）首先都要意識到自我的存在。

那些持續存在並在我們身上進行合成的事物造就了今日的我們。同樣地，對我們，也就是非洲人來說，**關鍵在於重新認識自己，針對我們是誰這個問題帶來新的答**

文學運動，主要發起者為沙穆索（Patrick Chamoiseau）、孔斐雍（Raphaël Confiant）與柏納貝（Jean Bernabé）。與黑人性運動不同，他們主張文化是透過相互接觸、碰撞而演變，任何文化都具有異質性，討論身分認同應涵蓋殖民歷史、移民與克里奧社會之間的文化交流。在此指涉結合數種異質文化元素所形成的文化與語言的融合。

案。然而，比起我們是誰，知道我們想成為誰、想為自己跟世界做什麼，這些首要問題才是需要努力思考的。只有在完成這項工作以後，才能實現以博愛的形式與他人共存，因為一種獨特的聲音若被排除在外、沒有以它本來的面目獲得認可，沒有處在確實的對話關係裡，就不會有真正的對話。自己的聲音若是死氣沉沉，就不會有對話的可能，因此我們需要持續更新，讓這個聲音得以被聽見、被感知。這便是唯一的條件——建構完成一場真正對話的條件，而讓我們重拾阿利烏・迪奧普（Alioune Diop）的說法：「非洲在世界的存在，將有增進人類意識之密度與成熟的作用」，這是唯一值得賦予它的目標。

黎明的

教訓

新的一天，隨著人類生活與社會的腳步醒來，一如既往。一道不確定的光越來越強，慢慢地照亮黎明步行者的小徑。白天，這道光以萬丈光芒照耀他們的成果與困境。這半明半暗的此刻即是突破的時刻，參與其中的人只要一點點微弱的光便能踏上旅程，他們都是身在過渡時刻的人。這些人明白他們必須走的路、他們鑿刻的石頭，是未來建築穩定的根基，儘管他們可能看不到最終的成果。他們也知道，從現在開始，為了讓他們期望的世界得以到來，他們得勝任必要的要求。其中一個要求，即是分辨出哪些不可能、哪些只是不可思議卻有機會，並將之實現。這就是曼德拉在遭到奴役的南非所做的，而其基礎源自他的科薩（xhosa）文化，烏班圖的哲學與道德準則。非洲大陸便是在這個飄搖的時刻，找到它巨大多重的潛力。真實總是超越現實，這些可能性預告著只要秉持熾熱的信念與辛勤付出，便能在具體世界裡將之實現。

非洲沒有要趕上誰。它不需要繼續在他人指示的道路上奔跑，而是敏捷地走在自己選擇的小徑上。身為人類長女的地位要求它擺脫競爭與比賽，擺脫所有國家身處的幼稚時期，他們互相打量誰最富有、科技玩意最多、情感最豐沛、最有辦法享受這個世界的幸福快樂，而不管這種狂熱且不負責任的競賽會危及人類生活的社會與自然條件。

它必須離開這個不成熟的階段,在裡頭的每個國家只關心自己透過掠奪創造多少財富,年復一年,還有他們在阿里巴巴的洞穴裡的地位排名。非洲唯一刻不容緩的事,在於發揮其潛力;而且充分將之落實在每個領域,先是為了自己,繼而為了世界。它必須透過重新發現自己的豐饒,替去殖民化畫下句點。將目光轉向內在來喚醒自己。三十五年後,它的人口數將占人類的四分之一。它將以此打造強大的力量:十五到四十五歲之間的人口裡,非洲人的占比將會最高。其人口的分量與生命力將使地球上社會、政治、經濟與文化的天平傾斜。而為了成就這份正面積極的驅動力、改變事物的運行,使其朝著**人性上升**的方向走 [註1],它需要一場深刻的文化革命。而這場革命就從改變看待自己的方式開始,面對鏡子修復自己的臉,尊重自己、重新評價自己,運用它強大的修復力療癒創傷。為了這一切,它必須能夠靠著自己的兩條腿站起來。為此,它必須回應其人民的需求,餵養他們、教育他們,為他們提供活得有尊嚴、和平、安全,擁有個人與集體自由的條件。不過重點不僅在於滿足這片土地的孩子基本的生理需求。更重要的是參與造就人類的工作,即打造出更具

1　Achille Mbembé, *Sortir de la Grande Nuit*(走出長夜), *op. cit.*, p. 55.

責任感、更關注環境、不同秩序之間的平衡、關注子孫後代、關注共同利益、關注人類尊嚴的文明：詩意的文明。造就人類，當然意味著照顧他、讓他吃飽穿暖、教育他。但最重要的是，讓他把自己的潛力、自己最燦爛的部分發揮到淋漓盡致，成為完整的個體。如此才有助於將人類提升到另一個境界。

為此，它必須做出選擇。

它的經濟模式。經濟成長是個目標，因為它使我們得以透過適當的方式回應人民的需求。但這些需求不是無限的。話說回來，欲望卻可以無限，我們的時代就製造了無止盡的欲望。我們的目標是改善社會的「質」，選擇要實施的成長模式與類型，因為這些不會是中立的。其中有的模式擴大了不平等，讓處於劣勢的人更貧困，有的會造成大量的生態足跡，還有一些會讓部分特定社會團體或遊說團體獲利。經濟的無限成長在有限世界裡是個神話。西方國家對那些極限已有經驗。他們將必須學習打造並分享一種不追逐成長發展的榮景。同樣地，這涉及改變經濟成長的終極目的、結構與節奏，就從以人民需求而非市場成長需求為基礎來推行創造與財富分配的模式著手。也因此，選擇要推動工業化的產業類型，並堅決不選擇以化石燃料為基礎的那一類。我們必須從過去幾個世紀以來的工業冒險中汲取教訓。透過行動成為對環境衝擊最少的那片

大陸[註2]，讓自己從他人的錯誤中學習，更重要的是賦予自己走另一條路的機會，因為其他道路明明存在著。還有，非洲大陸應該具備更敏銳的生態意識，尤其它已然要面對氣候變遷的效應與生物多樣性銳減等問題。這片土地蘊藏大量自然資源與再生能源，意味著我們可以選擇更負責的生產模式。

既然世界的注意力再度轉向非洲大陸的資源，藉由持續的瘋狂追逐覬覦這些資源、迎合非洲，那麼此時正是透過拒絕延續這些生產與財富累積模式，關閉第五個發動機來強制文明轉向的機會，是時候決定這個火車頭的目的地了。一個文明不只是物質與技術的，還要透過引領它的道德（以及美學）價值使之完滿。非洲必須重新思考何謂進步。

它的政策。它的權力組織模式。它的公民類型。它可以選擇將之擴大並再次擁抱來自其文化的歸屬概念的流動性。它不必將國家侷限在某一片領土，把身分侷限在種族或民族上。如果它願意，它可以重新勾勒1886年的邊界，它必須創新其審議模式，並在可用的選項裡做出聰明的抉擇。

---

2 非洲大陸的溫室氣體排放量占全球4.5%。

它同時必須重新思考其文化的角色。文化，一如尋找目的、生存理由、目標與終極性、人類冒險該朝哪個方向去。為此，必須澈底批判文化中貶低人性、阻礙、限制它並使之墮落的種種。同時恢復它的價值：*jom*（尊嚴）、共同生活、*téraanga*（好客）、*kersa*（謙遜、一絲不苟）、*ngor*（榮譽感），挖掘並復興其文化中深厚的人文主義。這是非洲必須進行的一場精神革命。在我們看來，人類的未來就在這一邊。

　　在那一天，一如最初的黎明，非洲將再次成為世界的精神之肺。

非洲烏托邦
Afrotopia

南方家園出版　Homeward Publishing
書系　文創者 HC
書號　HC040

作　　者　費爾文・薩爾　Felwine Sarr
譯　　者　陳文瑤
編　　輯　鄭又瑜
美術設計　張　巖
內頁排版　巴魯赫
發 行 人　劉子華
出　　版　南方家園文化事業有限公司　NANFAN CHIAYUAN CO. LTD

南方家園文化事業有限公司　NANFAN CHIAYUAN CO. LTD
地　　址　臺北市松山區八德路三段 12 巷 66 弄 22 號
電　　話　（02）25705215~6
24 小時傳真服務　（02）25705217
劃撥帳號　50009398　戶名　南方家園文化事業有限公司
讀者服務信箱 E-mail　nanfan.chiayuan@gmail.com

總 經 銷　聯合發行股份有限公司
電　　話　（02）29178022
傳　　真　（02）29156275
印　　刷　約書亞創藝有限公司　joshua19750610@gmail.com
初版一刷　2025 年 3 月
定　　價　420 元
I S B N　978-626-7553-11-4
　　　　　9786267553107（EPUB）
　　　　　9786267553091（PDF）

Printed in Taiwan．All Rights Reserved
版權所有．翻印必究　本書如有缺頁、破損，請寄回本公司更換
Copyright © 2016, Éditions Philippe Rey
"This edition is published by arrangement with Éditions Philippe Rey et Arte éditions in conjunction with its duly appointed agents Books And More Agency #BAM, Paris, France and he Grayhawk Agency, Taipei, Taiwan. All rights reserved."

「本作品出版獲得法國藝文推廣協會版權補助」
« Cet ouvrage a bénéficié du soutien du programme d'aide à la publication de l'Institut français. »

國家圖書館出版品預行編目 (CIP) 資料　非洲烏托邦 / 費爾文．薩爾 (Felwine Sarr) 著；
陳文瑤譯. 初版. 臺北市: 南方家園文化事業有限公司, 2025.03. 176 面；14.8*21 公分．
-- (文創者；HC040)．譯自: Afrotopia. ISBN 978-626-7553-11-4（平裝）
1.CST: 後殖民主義 2.CST: 區域研究 3.CST: 非洲　　　　　　　　　760/114001783